TRA LOS MONTES

IMPRIMERIE ET LITHOGR. DE MAULDE ET RENOU,
rue Bailleul, 9 et 11, près du Louvre.

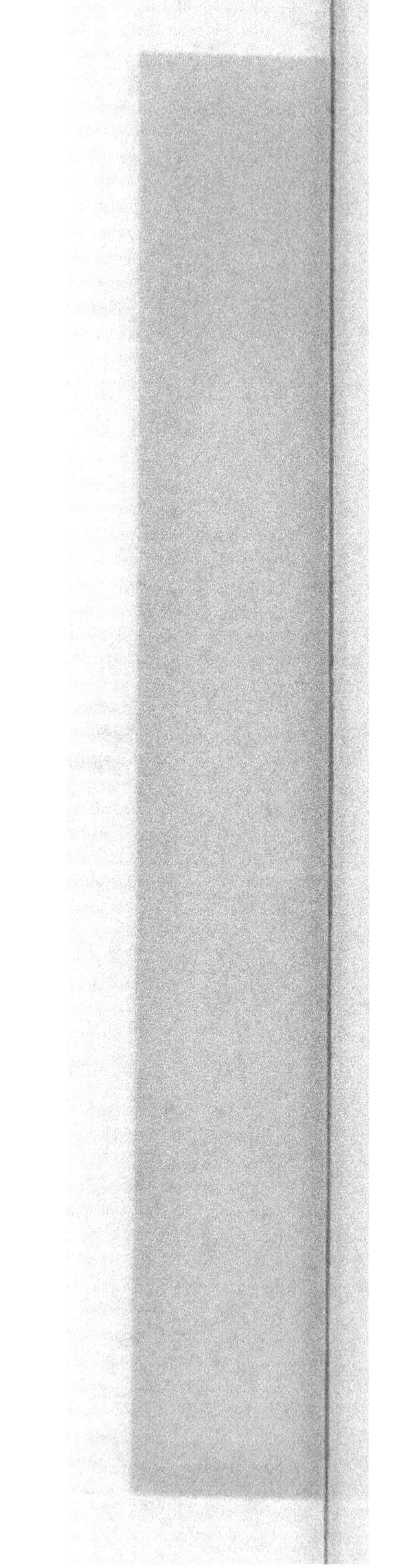

TRA LOS MONTES

PAR

THÉOPHILE GAUTIER.

I

PARIS

VICTOR MAGEN, LIBRAIRE.

Éditeur des Œuvres de George Sand

1843

A mon Ami

et compagnon de voyage

EUGÈNE P.

ce livre est dédié.

Théophile Gautier.

10 février 1843.

Il y a quelques semaines, j'avais laissé tomber
négligemment cette phrase : — J'irais volontiers en Espagne ! — Au bout de cinq ou six
jours, mes amis avaient ôté le prudent condi-
tionnel dont j'avais mitigé mon désir et répé-
taient à qui voulait l'entendre que j'allais faire
un voyage en Espagne ; à cette formule posi-
tive succéda l'interrogation : — Quand partez-
vous ? — Je répondis, sans savoir à quoi je

m'engageais : — Dans huit jours. — Les huit jours passés, les gens manifestaient un étonnement de me voir encore à Paris. — Je vous croyais à Madrid, disait l'un. — Êtes-vous revenu? demandait l'autre. — Je compris alors que je devais à mes amis une absence de trois mois, et qu'il fallait acquitter cette dette au plus vite, sous peine d'être harcelé sans répit par ces créanciers officieux ; le foyer des théâtres, les divers asphaltés et bitumes élastiques des boulevarts m'étaient interdits jusqu'à nouvel ordre : tout ce que je pus obtenir fut un délai de trois ou quatre jours, et le 5 mai je commençai à débarrasser ma patrie de ma présence importune, en grimpant dans la voiture de Bordeaux.

Je glisserai très légèrement sur les premières postes qui n'offrent rien de curieux. A droite et à gauche s'étendent toutes sortes de cultures tigrées et zébrées qui ressemblent parfaitement à ces cartes de tailleurs où sont collés les échantillons de pantalons et de gilets. Ces perspectives font les délices des agronomes, des propriétaires et autres bourgeois, mais offrent une maigre pâture au voyageur enthousiaste et descriptif qui, la lorgnette en main, s'en va prendre le signalement de l'univers. Étant parti le soir, mes premiers souvenirs, à dater de Versailles, ne sont que de faibles ébauches estompées par la nuit. Je regrette d'avoir passé par Chartres sans avoir pu voir la cathédrale.

Entre Vendôme et Château-Regnault, qui se prononce *Chtrnô*, dans la langue des postillons, si bien imitée par Henri Monnier, quand il fait son admirable charge de la diligence, s'élèvent des collines boisées où les habitans creusent leurs maisons dans le roc vif et demeurent sous terre, à la façon des anciens Troglodytes : ils vendent la pierre qu'ils retirent de leurs excavations, de sorte que chaque maison en creux en produit une en relief comme un plâtre qu'on ôterait d'un moule, ou une tour qu'on sortirait d'un puits ; la cheminée, long tuyau pratiqué au marteau dans l'épaisseur de la roche, aboutit à fleur de terre, de façon que la fumée part du sol même en spirales bleuâtres et sans cause visible comme d'une soufrière ou d'un terrain volcanique. Il est très

facile au promeneur facétieux de jeter des pierres dans les omelettes de ces populations cryp-
tiques, et les lapins distraits ou myopes doivent
fréquemment tomber tout vifs dans la marmite. Ce genre de constructions dispense de
descendre à la cave pour chercher du vin.

Château-Regnault est une petite ville à pentes tournantes et rapides, bordées de maisons
mal assises et chancelantes, qui ont l'air de
s'épauler les unes les autres pour se tenir debout; une grosse tour ronde, posée sur quelques talus d'anciennes fortifications drapées
çà et là de vertes nappes de lierre, relève un
peu sa physionomie. De Château-Regnault à
Tours il n'y a rien de remarquable. — De la
terre au milieu, des arbres de chaque côté; —
de ces longues bandes jaunes qui s'allongent
à perte de vue, et que l'on appelle *rubans
de queue* en style de roulier : voilà tout; puis
la route s'enfonce tout à coup entre deux glacis assez escarpés, et, au bout de quelques
minutes, on découvre la ville de Tours, que
ses pruneaux, Rabelais et M. de Balzac ont
rendue célèbre.

Le pont de Tours est très vanté et n'a rien de fort extraordinaire en lui-même ; mais l'aspect de la ville est charmant. Quand j'y arrivai, le ciel, où trainaient nonchalemment quelques flocons de nuages, avait une teinte bleue d'une douceur extrême ; une ligne blanche, pareille à la raie tracée sur un verre par l'angle d'un diamant, coupait la surface limpide de la Loire ; ce feston était formé par une petite cascatelle provenant d'un de ces bancs de sable si fréquens dans le lit de cette rivière. Saint-Gatien profilait dans la limpidité de l'air sa silhouette brune et ses flèches gothiques ornées de boules et de renflemens comme les clochers du Kremlin, ce qui donnait à la découpure de la ville une apparence moscovite tout-à-fait pittoresque ; quelques tours et quelques clochers appartenant à des églises dont je ne sais pas les noms achevaient le tableau ; — des bateaux à voiles blanches glissaient avec un mouvement de cygne endormi sur le miroir azuré du fleuve. J'aurais bien voulu visiter la maison de Tristan l'Ermite, le formidable compère de Louis XI, qui est restée dans un état de conservation merveilleuse avec ses ornemens terriblement significatifs, composés de lacs de corde et autres instrumens de tortures entremêlés, mais je n'en ai point eu le temps; il m'a fallu me contenter de suivre la Grande-Rue, qui doit faire l'orgueil des Tourangeaux, et qui a des prétentions à la rue de Rivoli.

Châtellerault, qui jouit d'une grande réputation sous le rapport de la coutellerie, n'a rien de particulier qu'un pont avec des tours anciennes à chaque bout, qui font un effet féodal et romantique le plus charmant du monde. Quant à sa manufacture d'armes, c'est une grande masse blanche avec une multitude de fenêtres. De Poitiers, je n'en puis rien dire, l'ayant traversé par une pluie battante et une nuit plus noire qu'un four, sinon que son pavé est parfaitement exécrable.

Quand le jour revint, la voiture traversait un pays boisé d'arbres vert-pomme plantés dans une terre du rouge le plus vif; cela faisait un effet très singulier : les maisons étaient couvertes de toits en tuiles creuses à l'italienne avec des cannelures; ces tuiles étaient aussi d'un rouge éclatant, couleur étrange pour des yeux accoutumés aux tons de bistre et de suie des toitures parisiennes. — Par une bizarrerie dont le motif m'échappe, les constructeurs du pays commencent les maisons par les toits; les murs et les fondations viennent ensuite. L'on pose la charpente sur quatre forts madriers, et les couvreurs font leur besogne avant les maçons.

C'est vers cet endroit que commence cette longue orgie de pierre de taille qui ne s'arrête qu'à Bordeaux; la moindre masure sans porte ni fenêtre est en pierre de taille, les murs des jardins sont formés de gros blocs superposés à sec; le long de la route, à côté des portes, vous voyez d'énormes tas de pierres superbes avec lesquelles il serait facile de bâtir à peu de frais des Chenonceaux et des Alhambras; mais les habitans se contentent de les entasser carrément et de recouvrir le tout d'un couvercle de tuiles rouges ou jaunes dont les découpures contrariées forment un feston d'un effet assez gracieux.

Angoulême, ville bizarrement juchée sur un

coteau fort raide au pied duquel la Charente
fait babiller deux ou trois moulins, est bâtie
dans ce système; elle a une espèce de faux air
italien, augmenté encore par les massifs d'arbres qui couronnent ses escarpemens et un
grand pin évasé en parasol comme ceux des
villas romaines. Une vieille tour qui, si ma mémoire est fidèle, est surmontée d'un télégraphe (le télégraphe sauve beaucoup de vieilles
tours), donne de la sévérité à l'aspect général
et fait tenir à la ville une assez bonne place
sur le bord de l'horizon. En gravissant la montée, je remarquai une maison barbouillée extérieurement de fresques grossières représentant
quelque chose comme Neptune, Bacchus ou
peut-être Napoléon. Le peintre ayant négligé
de mettre le nom à côté, toutes suppositions
sont permises et peuvent se défendre.

Jusque là, j'avoue qu'une excursion à Ro-
mainville ou à Pantin eût été tout aussi pittoresque; — rien de plus plat, de plus nul, de
plus insipide que ces interminables lanières de
terrain, pareilles à ces bandelettes au moyen
desquelles les lithographes renferment les bou-

levarts de Paris dans une même feuille de papier. Des haies d'aubépine et des ormes rachitiques, des ormes rachitiques et des haies d'aubépine, et plus loin, quelque file de peupliers, plumets verts piqués dans une terre plate, ou quelque saule au tronc difforme, à la perruque enfarinée, voilà pour le paysage ; pour figure, quelque pionnier ou cantonnier, hâlé comme un Maure d'Afrique, qui vous regarde passer la main appuyée sur le manche de son marteau, ou bien quelque pauvre soldat qui regagne son corps suant et chancelant sous le harnais. Mais delà d'Angoulême, la physionomie du terrain change, et l'on commence à comprendre qu'on est à une certaine distance de la banlieue.

En sortant du département de la Charente, on rencontre la première lande : ce sont d'immenses nappes de terre grise, violette, bleuâtre, avec des ondulations plus ou moins prononcées. Une mousse courte et rare, des bruyères d'un ton roux et des genêts rabougris forment toute la végétation. C'est la tristesse de la Thébaïde égyptienne, et à chaque minute l'on s'attend à voir défiler des dromadaires et

des chameaux ; on ne dirait pas que l'homme
ait jamais passé par là.

La lande traversée, on entre dans une région
assez pittoresque. Sur le bord de la route sont
groupées çà et là des maisons enfouies comme
des nids dans des bouquets d'arbres, qui ressemblent à des tableaux d'Hobbema, avec leurs
grands toits, leurs puits bordés de vigne folle,
leurs grands bœufs aux yeux étonnés, et leurs
poules qui picorent sur le fumier ; toutes ces
maisons, bien entendu, sont en pierre de taille,
ainsi que les clôtures des jardins. De tous les
côtés on voit des ébauches de constructions
abandonnées par pur caprice, et recommen-
cées à quelques pas de là ; les indigènes sont,
à peu près, comme les enfans à qui l'on a
donné pour étrennes *un jeu d'architecture*
avec lequel, au moyen d'un certain nombre
de morceaux de bois taillés à angles droits,
on peut bâtir toutes sortes d'édifices ; ils ôtent
leur toit, déplacent les pierres de leurs maisons, et, avec les mêmes pierres, en élèvent
une tout-à-fait différente ; au bord du chemin
s'épanouissent des jardins entourés de beaux

arbres de la plus humide fraîcheur et diaprés de
pois en fleur, de marguerites et de roses ; et la
vue plonge sur des prairies où les vaches ont de
l'herbe jusqu'au poitrail ; — un chemin de traverse tout parfumé d'aubépine et d'églantier,
un groupe d'arbres sous lequel on aperçoit un
chariot dételé, quelques paysannes avec leurs
bonnets évasés comme un turban d'uléma et
une étroite jupe rouge : mille détails inatten-
dus réjouissent les yeux et varient la route. En
passant un glacis de bitume sur la teinte écarlate des toits, l'on pourrait se croire en Nor-
mandie. Flers et Cabat trouveraient là des tableaux tout faits. C'est vers cette latitude que
les bérets commencent à se montrer ; ils sont
tous bleus, et leur forme élégante est bien supérieure à celle des chapeaux.

C'est aussi de ce côté que l'on rencontre les premières voitures traînées par des bœufs ; ces chariots ont un aspect assez homérique et primitif,
les bœufs sont attelés par la tête à un joug commun garni d'un petit frontail en peau de mouton ; ils ont un air doux, grave et résigné, tout-
à-fait sculptural et digne des bas-reliefs éginé-

tiques. La plupart portent un caparaçon de toile blanche qui les garantit des mouches et des taons ; rien n'est plus singulier à voir que ces bœufs en chemise, qui lèvent lentement vers vous leurs mufles humides et lustrés et leurs grands yeux d'un bleu sombre que les Grecs, ces connaisseurs en beauté, trouvaient assez remarquable pour en faire l'épithète sacramentelle de Junon : *Boopis Erê*.

Une noce qui se faisait dans une auberge me fournit l'occasion de voir ensemble quelques naturels du pays, car, dans un espace de plus de cent lieues, je n'avais pas aperçu dix personnes. Ces naturels sont fort laids, les femmes surtout : il n'y a aucune différence entre les jeunes et les vieilles : une paysanne de vingt-cinq ans ou une de soixante sont également flétries et ridées. — Les petites filles ont des bonnets aussi développés que ceux de leurs grand' mères, ce qui leur donne l'air de ces gamins turcs à tête énorme et à corps fluet des pochades de Decamps. Dans l'écurie de cette auberge je vis un monstrueux bouc noir, avec d'immenses cornes en spirale, des yeux

jaunes et flamboyans, qui avait un air hyper-
diabolique, et aurait fait au moyen-âge un digne
président de sabbat.

Le jour baissait quand on arriva à Cubzac.
Autrefois l'on passait la Dordogne dans un bac ;
la largeur et la rapidité de ce fleuve rendait la
traversée dangereuse, maintenant le bac est
remplacé par un pont suspendu de la plus
grande hardiesse : l'on sait que je ne suis pas
très grand admirateur des inventions modernes, mais c'est réellement un ouvrage digne de
l'Égypte et de Rome pour ses dimensions colossales et son aspect grandiose. Des jetées formées par une suite d'arches dont la hauteur
s'élève progressivement vous conduisent jusqu'au tablier suspendu. — Les vaisseaux peuvent passer dessous à toutes voiles comme entre les jambes du colosse de Rhodes. Des espèces de tours en fonte fénestrée, pour les rendre
plus légères, servent de chevalets aux fils de fer
qui se croisent avec une symétrie de résistance
habilement calculée ; ces câbles se dessinent
dans le ciel avec une ténuité et une délicatesse
de fil d'araignée, qui ajoute encore au merveil-

leux de la construction. Deux obélisques de fonte sont posés à chaque bout comme au péristyle d'un monument thébain, et cet ornement n'est pas déplacé là, car le gigantesque génie architectural des Pharaons ne désavouerait pas le pont de Cubzac. — Il faut treize minutes, montre en main, pour le traverser.

Une ou deux heures après, les lumières du pont de Bordeaux, autre merveille d'un aspect moins saisissant, scintillaient à une distance que mon appétit espérait beaucoup plus courte, car la rapidité du voyage s'obtient toujours aux dépens de l'estomac du voyageur. Après avoir épuisé les bâtons de chocolat, les biscuits et autres provisions de voiture, nous commencions à avoir des idées de cannibale. Mes compagnons me regardaient avec des yeux faméliques, et si nous avions eu encore une poste à faire, nous aurions renouvelé les horreurs du radeau de la *Méduse*, nous aurions mangé nos bretelles, les semelles de nos bottes, nos chapeaux gibus et autres nourritures à l'usage des naufragés qui les digèrent parfaitement bien.

A la descente de voiture on est assailli par une foule de commissionnaires qui se distribuent vos effets et se mettent une vingtaine pour porter une paire de bottes, ceci n'a rien que d'ordinaire ; mais ce qui est plus drôle, ce sont des espèces d'argousins apostés en vedette par les maîtres des hôtels pour happer le voyageur au passage. — Toute cette canaille s'égosille à débiter en charabia des kyrielles d'éloges et d'injures : l'un vous prend par le bras, l'autre par la jambe, celui-là par la queue de votre habit, celui-ci par le bouton de votre paletot : « Monsieur, venez à l'hôtel de Nantes, on est très bien ! — Monsieur, n'y allez pas, c'est l'hôtel des punaises, voilà son vrai nom, se hâte de dire le représentant d'une auberge rivale. Hôtel de Rouen ! hôtel de France ! crie la bande qui vous suit en vociférant. — Monsieur, ils ne nettoient jamais leurs casseroles ; ils font la cuisine avec du sain-doux ; il pleut dans les chambres ; vous serez écorché, volé, assassiné. » Chacun cherche à vous dégoûter des établissemens rivaux, et ce cortége ne vous quitte que lorsque vous êtes entré définitivement dans un hôtel quelconque. Alors ils se querellent entre eux, se donnent des gourmades et s'appellent brigands et voleurs, et autres injures tout-à-fait vraisemblables, puis ils se mettent en toute hâte à la poursuite d'une autre proie.

Bordeaux a beaucoup de ressemblance avec Versailles pour le goût des bâtimens : on voit qu'on a été préoccupé de cette idée de dépasser Paris en grandeur ; les rues sont plus larges, les maisons plus vastes, les appartemens plus hauts. Le théâtre a des dimensions énormes ; c'est l'Odéon fondu dans la Bourse. Mais les habitans ont de la peine à remplir leur ville ; ils font tout ce qu'ils peuvent pour paraître nombreux, mais toute leur turbulence méridionale ne suffit pas à meubler ces bâtisses disproportionnées ; ces hautes fenêtres ont rarement des rideaux, et l'herbe croît mélancoliquement dans les immenses cours. Ce qui anime la ville, ce sont les grisettes et les femmes du peuple, elles sont réellement très jolies : presque toutes ont le nez droit, les joues sans pommettes, de grands yeux noirs dans un ovale pâle d'un effet charmant. Leur coiffure est très originale ; elle se compose d'un madras de couleurs éclatantes, posé à la façon des créoles, très en arrière, et contenant les cheveux qui tombent assez bas sur la nuque ; le reste de l'ajustement consiste en un grand schall droit qui va jusqu'aux talons, et une robe d'indienne à longs plis. Ces femmes ont la démarche alerte et vive, la taille souple et cambrée, naturellement fine. Elles portent sur leur tête les paniers, les paquets et les cruches d'eau qui, par parenthèse, sont d'une forme très élégante. Avec leur amphore sur la tête, leur costume à plis droits, on les prendrait pour des filles grecques et des princesses Nausicaa allant à la fontaine.

La cathédrale, construite par les Anglais, est assez belle ; le portail renferme des statues d'évêques de grandeur naturelle, d'une exécution beaucoup plus vraie et plus étudiée que les statues gothiques ordinaires, qui sont traitées en arabesque et complètement sacrifiées aux exigences de l'architecture. En visitant l'église, j'aperçus, posée contre le mur, la magnifique copie du Christ flagellé de Riessner, d'après Titien ; elle attendait un cadre. De la cathédrale, nous nous rendîmes, mon compagnon et moi, à la tour Saint-Michel, où se trouve un caveau qui a la propriété de momifier les corps qu'on y dépose.

Le dernier étage de la tour est occupé par le gardien et sa famille qui font leur cuisine à l'entrée du caveau et vivent là dans la familiarité la plus intime avec leurs affreux voisins; l'homme prit une lanterne et nous descendîmes par un escalier en spirale, aux marches usées, dans la salle funèbre. Les morts, au nombre de quarante environ, sont rangés debout tout autour du caveau et adossés contre la muraille; cette attitude perpendiculaire, qui contraste avec l'horizontalité habituelle des cadavres, leur donne une apparence de vie fantasmatique très effrayante, surtout à la lumière jaune et tremblante de la lanterne qui oscille dans la main du guide et déplace les ombres d'un instant à l'autre.

L'imagination des poètes et des peintres n'a jamais produit de cauchemar plus horrible; les caprices les plus monstrueux de Goya, les délires de Louis Boulanger, les dia-

bleries de Callot et de Teniers ne sont rien
à côté de cela, et tous les faiseurs de ballades
fantastiques sont dépassés. Il n'est jamais sorti
de la nuit allemande de plus abominables spec-
tres ; ils sont dignes de figurer au sabbat de
Brocken avec les sorcières de Faust.

Ce sont des figures contournées, grima-
çantes, des crânes à demi pelés, des flancs entr'ouverts, qui laissent voir à travers le grillage
des côtes, des poumons desséchés et flétris
comme des éponges : ici la chair s'est réduite
en poudre et l'os perce ; là n'étant plus soutenue par les fibres du tissu cellulaire, la peau
parcheminée flotte autour du squelette comme
un second suaire ; aucune de ces têtes n'a le
calme impassible que la mort imprime comme
un cachet suprême à tous ceux qu'elle touche ;
les bouches bâillent affreusement comme si
elles étaient contractées par l'incommensurable
ennui de l'éternité, ou ricanent de ce rire sar-
donique du néant qui se moque de la vie ; les
mâchoires sont disloquées, les muscles du cou
gonflés ; les poings se crispent furieusement ;
les épines dorsales se cambrent avec des tor-

sions désespérées. On dirait qu'ils sont irrités d'avoir été tirés de leurs tombes et **troublés** dans leur sommeil par la curiosité profane.

Le gardien nous montra un général tué en duel. — La blessure, large bouche aux lèvres bleues qui rit à son côté, se distingue parfaitement. — Un portefaix qui expira subitement en levant un poids énorme, une négresse qui n'est pas beaucoup plus noire que les blanches placées près d'elle, une femme qui a encore toutes ses dents et la langue presque fraîche, puis une famille empoisonnée par des champignons, et pour suprême horreur, un petit garçon qui, selon toute apparence, doit avoir été enterré vivant.

Cette figure est sublime de douleur et de désespoir; jamais l'expression de la souffrance humaine n'a été portée plus loin; les ongles s'enfoncent dans la paume des mains; les nerfs sont tendus comme des cordes de violon sur le chevalet; les genoux font des angles convulsifs; la tête se rejette violemment en arrière; le pauvre petit, par un effort inouï, s'est retourné dans son cercueil.

L'endroit où ces morts sont réunis est un caveau à voûte surbaissée ; le sol, d'une élasticité suspecte, est composé d'un détritus humain de quinze pieds de profondeur ; au milieu s'élève une pyramide de débris plus ou moins bien conservés ; ces momies exhalent une odeur fade et poussiéreuse, plus désagréable que les âcres parfums du bitume et du natrum égyptien ; il y en a qui sont là depuis deux ou trois cents ans ; d'autres depuis soixante ans seulement ; la toile de leur chemise ou de leur suaire est encore assez bien conservée.

En sortant de là, nous allâmes voir le beffroi, composé de deux tours réunies à leur faîte par un balcon d'un goût original et pittoresque, puis l'église Sainte-Croix, à côté de l'hospice des Vieillards, bâtiment à pleins cintres, à colonnes torses, à rinceaux découpés en *grecques* tout-à-fait dans le style byzantin. Le portail est enrichi d'une multitude de groupes qui exécutent assez effrontément le précepte *crescite et multiplicamini* ; heureusement que les arabesques efflorescentes et touffues dissimulent ce que cette manière de rendre l'esprit du texte divin pourrait avoir de bizarre.

Le musée, situé dans le magnifique hôtel de la Mairie, renferme une belle collection de plâtres et un grand nombre de tableaux remarquables, entre autres deux petits cadres de Béga qui sont deux perles inestimables; c'est la chaleur et la liberté d'Adrien Brauwer avec la finesse et le précieux de Teniers; il y a aussi des Ostade d'une grande délicatesse, des Tiepolo du goût le plus baroque et le plus fantasque, des Jordaens, des Van Dyck et un tableau gothique qui doit être du Guirlandajo ou du Fiesole; le musée de Paris ne possède rien en fait d'art du moyen-âge qui vaille cette peinture; seulement il est impossible d'accrocher des tableaux avec moins de goût et de discernement : les meilleures places sont occupées par d'énormes croûtes de l'école moderne du temps de Guérin et de Lethiers.

Le port est encombré de vaisseaux de toutes nations et de différens tonnages; dans la brume du crépuscule, on dirait une multitude de cathédrales à la dérive; car rien ne ressemble plus à une église qu'un vaisseau avec ses mâts

élancés en flèches, et les découpures enche-
vêtrées de ses cordages. Pour finir la journée,
nous entrâmes au Grand-Théâtre. Notre conscience nous force de dire qu'il était plein ; et
cependant on jouait la *Dame Blanche* qui est
loin d'être une nouveauté ; la salle est presque
de la même dimension que celle de l'Opéra de
de Paris, mais beaucoup moins ornée. Les acteurs chantaient aussi faux qu'au véritable
Opéra-Comique.

A Bordeaux, l'influence espagnole commence à se faire sentir. Presque toutes les
enseignes sont en deux langues ; les libraires
ont au moins autant de livres espagnols que
de livres français. Beaucoup de gens savent
hablar dans l'idiome de don Quixote et de
Guzman d'Alfarache : cette influence augmente
à mesure que l'on approche de la frontière : et, à
dire vrai, la nuance espagnole dans cette demi-
teinte de démarcation l'emporte sur la nuance
française : le patois que parlent les gens du
pays a beaucoup plus de rapport avec l'espagnol
qu'avec la langue de la mère-patrie.

II

Au sortir de Bordeaux, les Landes recommencent plus tristes, plus décharnées et plus mornes, s'il est possible; des bruyères, des genêts et des pinadas (forêts de pins); de loin en loin, quelque fauve berger accroupi gardant des troupeaux de moutons noirs, quelque cahutte dans le goût des wigwams des Indiens; c'est un spectacle fort lugubre et fort peu récréatif; on n'aperçoit d'autre arbre que le pin avec son entaille d'où coule la résine. Cette large blessure dont la couleur saumon tranche avec les tons gris de l'écorce, donne un air on ne peut plus lamentable à ces arbres souffreteux et privés de la plus grande partie de leur sève. On dirait une forêt injustement égorgée qui lève les bras au ciel pour lui demander justice.

Nous passâmes à Dax au milieu de la nuit et traversâmes l'Adour par un temps affreux, une pluie battante et une bise à décorner les bœufs. Plus nous avancions vers les pays chauds, plus le froid devenait aigre et piquant; si nous n'avions pas eu nos manteaux, nous aurions eu le nez et les pieds gelés comme les soldats de la grande armée à la campagne de Russie. — Lorsque le jour parut, nous étions encore dans les landes; mais les pins étaient entremêlés de liéges, arbres que je m'étais toujours représentés sous la forme de bouchon, et qui sont en effet des arbres énormes qui tiennent à la fois du chêne et du caroubier pour la bizarrerie de l'attitude, la difformité et la rugosité des branches; des espèces d'étangs d'eau saumâtre et de couleur plombée s'étendaient de chaque côté de la route; un air salin

nous arrivait par bouffée ; je ne sais quelle rumeur vague bourdonnait à l'horizon ; enfin une
silhouette bleuâtre se découpa sur le fond pâle
du ciel : c'était la chaîne des Pyrénées. Quelques
instans après, une ligne d'azur presque invisible, signature de l'Océan, nous annonça que
nous étions arrivés. Bayonne ne tarda pas à
nous apparaître sous la forme d'un tas de tuiles
écrasées avec un clocher gauche et trapu ; nous
ne voulons pas dire de mal de Bayonne, attendu
qu'une ville que l'on voit par la pluie est naturellement affreuse. — Le port n'était pas très
rempli ; quelques rares bateaux pontés flânaient
le long des quais déserts avec un air de nonchalance et de désœuvrement admirable ; les arbres
qui forment la promenade sont très beaux et
modèrent un peu l'austérité de toutes les lignes
droites produites par les fortifications et les pa-
rapets. — Quant à l'église, elle est badigeonnée
en jaune-serin et en ventre de biche ; elle n'a
de remarquable qu'une espèce de baldaquin en
damas rouge, et quelques tableaux de Lépicié
et autres peintres dans le goût Van Loo.

Bayonne est une ville presque espagnole pour

le langage et les mœurs : l'hôtel où nous logions s'appelait la *Fonda San Esteban*. Sachant que nous allions faire un long voyage dans la Péninsule, on nous faisait toutes sortes de recommandations : achetez des ceintures rouges pour vous serrer le ventre ; munissez-vous de tromblons, de peignes et de fioles d'eau insecto-mortifère ; emportez du biscuit et des provisions ; les Espagnols déjeunent d'une cuillerée de chocolat, dînent d'une gousse d'ail arrosée d'un verre d'eau, et soupent d'une cigarette de papier ; vous devriez bien aussi vous munir d'un matelas et d'une marmite pour vous coucher et faire la soupe. — Les dialogues français-espagnols, à l'usage des voyageurs, n'avaient rien de très rassurant. Au chapitre du voyageur à l'auberge, on lit ces effrayantes paroles : — Je voudrais bien prendre quelque chose. — Prenez une chaise, répond l'hôtellier. — Fort bien ; mais j'aimerais mieux prendre n'importe quoi de plus nourrissant. — Qu'avez-vous apporté ? poursuit le maître de la posada. — Rien, répond tristement le voyageur. — Eh bien ! alors, comment voulez-vous que je vous fasse à manger ; le boucher est là-bas, le boulanger est plus loin : allez chercher du pain et de la viande, et s'il y a du charbon, ma femme, qui s'entend un peu à la cuisine, vous accommodera vos provisions.— Le voyageur, furieux, fait un vacarme effroyable, et l'hôtellier impassible lui porte sur sa carte : 6 réaux de tapage.

La voiture qui conduit à Madrid part de Bayonne. Le conducteur est un *magoral* avec un chapeau pointu orné de velours et houppes de soie, une veste brune brodée d'agrémens de couleur, des guêtres de peau et une ceinture rouge : voilà un petit commencement de couleur locale. A partir de Bayonne, le pays est extrêmement pittoresque ; la chaîne des Pyrénées se dessine plus nettement, et des montagnes aux belles lignes onduleuses varient l'aspect de l'horizon ; la mer fait de fréquentes apparitions sur la droite de la route ; à chaque coude l'on aperçoit subitement entre deux montagnes ce bleu sombre, doux et profond, coupé çà et là de volutes d'écume plus blanche que la neige dont jamais aucun peintre n'a pu donner l'idée. — Je fais ici amende honorable à la mer dont j'avais parlé irrévérencieusement, n'ayant vu que la mer d'Ostende qui n'est autre chose que l'Escaut canalisé, comme le soutenait si spirituellement mon cher ami *Fritz*.

Le cadran de l'église d'Urrugne où nous passâmes, portait écrit en lettres noires cette funèbre inscription : *Vulnerant omnes, ultima necat*. Oui, tu as raison, cadran mélancolique, toutes les heures nous blessent avec la pointe acérée de tes aiguilles, et chaque tour de roue nous emporte vers l'inconnu.

Les maisons d'Urrugne et de Saint-Jean de Luz, qui n'en est pas très éloigné, ont une physionomie sanguinaire et barbare, due à la bizarre coutume de peindre en rouge antique ou sang de bœuf, les volets, les portes et les poutres qui retiennent les compartimens de maçonnerie. Après Saint-Jean de Luz, on trouve Behobie, qui est le dernier village français. — On fait sur la frontière deux commerces auxquels les guerres ont donné lieu : d'abord celui des balles trouvées dans les champs, ensuite celui de la contrebande humaine. — On passe un carliste comme un ballot de marchandises; il y a un tarif. Tant pour un colonel, tant pour un officier; le marché fait, le contrebandier arrive, emporte son homme, le passe et le rend à destination comme une douzaine de foulards ou un cent de cigares. — De l'autre côté de la Bidassoa l'on aperçoit Irun, le premier village espagnol; la moitié du pont appartient à la France et l'autre à l'Espagne. Tout près de ce pont se trouve la fameuse île des Faisans où fut célébré par procuration le mariage de Louis XIV. Il serait difficile aujourd'hui d'y célébrer quelque chose, car elle n'est pas plus grande qu'une sole frite de moyenne espèce.

Encore quelques tours de roue, je vais peut-être perdre une de mes illusions, et voir s'envoler l'Espagne de mes rêves, l'Espagne du romancero, des ballades de Victor Hugo, des nouvelles de Mérimée et des contes d'Alfred de Musset. En franchissant la ligne de démarcation, je me souviens de ce que le bon et spirituel Henri Heine me disait au concert de Listz, avec son accent allemand plein *d'humeur* et de malice. — Comment ferez-vous pour parler de l'Espagne quand vous y aurez été?

III

La moitié du pont de la Bidassoa appartient
à la France, l'autre moitié à l'Espagne ; vous
pouvez avoir un pied sur chaque royaume, ce
qui est fort majestueux : ici le gendarme grave,
honnête, sérieux, le gendarme épanoui d'avoir
été réhabilité dans les *Français* de Curmer, par
Édouard Ourliac ; là, le soldat espagnol, ha-

billé de vert, et savourant dans l'herbe verte
les douceurs et les mollesses du repos, avec
une bienheureuse nonchalance. — Au bout du
pont vous entrez de plain-pied dans la vie espagnole et la couleur locale : Irun ne ressemble en aucune manière à un bourg français ; les
toits des maisons s'avancent en éventail ; les tuiles, alternativement rondes et creuses, forment
une espèce de crénelage d'un aspect bizarre
et moresque. Les balcons très saillans sont
d'une serrurerie ancienne, ouvrée avec un soin
qui étonne dans un village perdu comme Irun,
et qui suppose une grande opulence évanouie.
Les femmes passent leur vie sur ces balcons
ombragés par une toile à bandes de couleurs,
et qui sont comme autant de chambres aériennes appliquées au corps de l'édifice ; les deux
côtés restent libres et laissent passage à la brise
fraîche, et aux regards ardens ; du reste, ne
cherchez pas là les teintes fauves et *culottées*
(pardon du terme), les nuances de bistre et de
vieille pipe qu'un peintre pourrait espérer : tout
est blanchi à la chaux selon l'usage arabe ; mais
le contraste de ce ton crayeux avec la couleur

brune et foncée des poutres, des toits et du balcon, ne laisse pas que de produire un bon effet.

Les chevaux nous abandonnèrent à Irun. — On attela à la voiture dix mules rasées jusqu'au milieu du corps. — Mi-partie cuir, mi-partie poil, comme ces costumes du moyen-âge, qui ont l'air de deux moitiés d'habits différens recousus par hasard ; ces bêtes ainsi rasées ont une étrange mine et paraissent d'une maigreur effrayante ; car cette dénudation permet d'étudier à fond leur anatomie, les os, les muscles et jusqu'aux moindres veines ; avec leur queue pelée et leurs oreilles pointues, elles ont l'air d'énormes souris. Outre les dix mules, notre personnel s'augmenta d'un *zagal* et de deux *escopeteros* orné de leur *trabuco* (tromblon). Le zagal est une espèce de coureur, de sous-mayoral, qui enraie les roues dans les descentes périlleuses, qui surveille les harnais et les ressorts, qui presse les relais et joue autour de la voiture le rôle de la mouche du coche, mais avec bien plus d'efficacité. Le costume du zagal est charmant, d'une élégance et d'une légèreté extrêmes; il porte un chapeau pointu enjolivé de bandes de velours et de pompons de soie, une veste marron ou tabac, avec des dessous de] manches et un collet fait de morceaux de diverses couleurs, bleu, blanc et rouge ordinairement, et une grande arabesque épanouie au milieu 'du dos, des culottes constellées de boutons de filigrane, et pour chaussure des *alpargatas*, sandales attachées par des cordelettes; ajoutez à cela une ceinture rouge et une cravate bariolée, et vous aurez une tournure tout-à-fait caractéristique. Les escopeteros sont des gardiens, des *miqueletes* destinés à escorter la voiture et à effrayer les *rateros* (on appelle ainsi les petits voleurs), qui ne résisteraient pas à la tentation de détrousser un voyageur isolé; mais que la vue édifiante du trabuco suffit à tenir en respect, et qui passent en vous saluant du sacramentel *vaya usted con Dios* : Allez avec Dieu. L'habit des *escopeteros* est à peu près semblable à celui du zagal, mais moins coquet, moins enjolivé. Ils se placent sur l'impériale à l'arrière de la voiture, et dominent ainsi la campagne. Dans la description de notre caravane, nous avons oublié de mentionner un petit postillon monté sur un cheval qui se tient en tête du convoi et donne l'impulsion à toute la file.

Avant de partir, il fallut encore faire viser nos passeports, déjà passablement chamarrés. Pendant cette importante opération, nous eûmes le temps de jeter un coup d'œil sur la population d'Irun qui n'a rien de particulier, sinon que les femmes portent leurs cheveux, remarquablement longs, réunis en une seule tresse qui leur pend jusqu'aux reins; les souliers y sont rares et les bas encore plus.

Un bruit étrange, inexplicable, enroué, effrayant et risible, me préoccupait l'oreille depuis quelque temps; on eût dit une multitude de geais plumés vifs, d'enfans fouettés, de chats en amour, de scies s'agaçant les dents sur une pierre dure, de chaudrons râclés, de gonds de prison roulant sur la rouille et forcés de lâcher leur prisonnier; je croyais tout au moins que c'était une princesse égorgée par un négromant farouche; ce n'était rien qu'un char à bœufs qui montait la rue d'Irun, et dont les

roues miaulaient affreusement faute d'être suif-
fées, le conducteur aimant mieux sans doute
mettre la graisse dans sa soupe. Ce char n'avait
assurément rien que de fort primitif; les roues
étaient pleines et tournaient avec l'essieu,
comme dans les petits chariots que font les enfans avec de l'écorce de potiron. —Ce bruit s'entend d'une demi-lieue, et ne déplaît pas aux naturels du pays. — Ils ont ainsi un instrument de
musique qui ne leur coûte rien et qui joue de
lui-même, tout seul, tant que la route dure. Cela
leur semble aussi harmonieux qu'à nous des
exercices de violoniste sur la quatrième corde.
— Un paysan ne voudrait pas d'un char qui
ne chanterait pas : ce véhicule antédiluvien
s'appelle *caroso*.

Sur un ancien palais transformé en maison
commune, nous vîmes pour la première fois le
placard de plâtre blanc, qui déshonore beaucoup d'autres vieux palais avec l'inscription :
Plaza de la Constitucion. Il faut bien que ce qui
est dans les choses en sorte par quelque côté :
l'on ne saurait choisir un meilleur symbole
pour représenter l'état actuel du pays. —Une

constitution sur l'Espagne, c'est une poignée de plâtre sur du granit.

Comme la montée est rude, j'allai jusqu'à la porte de la ville, et me retournant je jetai un regard d'adieu à la France; c'était un spectacle vraiment magnifique : la chaîne des Pyrénées s'abaissait en ondulations harmonieuses vers la nappe bleue de la mer, coupée çà et là par quelques barres d'argent, et grâce à l'extrême limpidité de l'air, on apercevait loin, bien loin, une faible ligne couleur saumon pâle, qui s'avançait dans l'incommensurable azur et formait une vaste échancrure au flanc de la côte. Bayonne et sa sentinelle avancée, Biaritz, occupaient le bout de cette pointe, et le golfe de Gascogne se dessinait aussi nettement que sur une carte de géographie; à partir de là nous ne verrons plus la mer que lorsque nous serons à Cadix. Bonsoir, brave Océan!

La voiture montait et descendait au grand galop des pentes d'une rapidité extrême; exercices sans balancier sur le chemin raide, qui ne peuvent s'exécuter que grâce à la prodigieuse adresse des conducteurs et à l'extraordinaire sûreté du pied des mules ; malgré cette vélocité, il nous tombait de temps en temps sur les genoux une branche de laurier , un petit bouquet de fleurs sauvages, un collier de fraises de montagnes, perles roses enfilées dans un brin d'herbe. Ces bouquets étaient lancés par de petits mendians , filles et garçons , qui suivaient la voiture en courant pieds nus sur les pierres tranchantes : cette manière de demander l'aumône en faisant d'abord un cadeau soi-même, a quelque chose de noble et de poétique.

Le paysage était charmant, — un peu suisse peut-être, — et d'une grande variété d'aspect. Des croupes de montagnes dont les interstices laissaient voir des chaînes plus élevées, s'arrondissaient de chaque côté de la route : leurs flancs gaufrés de différentes cultures, boisés de chênes verts, formaient un vigoureux repoussoir pour les cimes éloignées et vaporeuses ; des villages avec leurs toits de tuiles rouges s'épanouissaient aux pieds des montagnes dans des massifs d'arbres, et je m'attendais à chaque instant à voir sortir Kettly ou Gretly de ces nouveaux châlets. Heureusement l'Espagne ne pousse pas l'opéra-comique jusque là.

Des torrens capricieux comme des femmes vont et viennent, forment des cascatelles, se divisent, se rejoignent à travers les rochers et les cailloux de la manière la plus divertissante, et servent de prétexte à une multitude de ponts les plus pittoresques du monde. Ces ponts multipliés à l'infini ont un caractère singulier; les arches sont échancrées presque jusqu'au gardefou, en sorte que la chaussée sur laquelle passe la voiture semble ne pas avoir plus de six pouces d'épaisseur; une espèce de pile triangulaire et formant bastion occupe ordinairement le milieu : ce n'est pas un état bien fatigant que celui de pont espagnol; il n'y a pas de sinécure plus parfaite, on peut se promener dessous les trois quarts de l'année; ils restent là avec un phlegme imperturbable et une patience digne d'un meilleur sort, attendant une rivière, un filet d'eau, un peu d'humidité seulement ; car ils sentent bien que leurs arches ne sont que des arcades, et que leur titre de pont est une pure flatterie. Les torrens dont j'ai parlé

tout à l'heure ont tout au plus quatre à cinq
pouces d'eau, mais ils suffisent pour faire beaucoup de bruit et servent à donner de la vie aux
solitudes qu'ils parcourent. De loin en loin, ils
font tourner quelque moulin ou quelque usine,
au moyen d'écluses bâties à souhait pour les
paysagistes ; les maisons , dispersées dans la
campagne par petits groupes, ont une couleur
étrange : elles ne sont ni noires, ni blanches,
ni jaunes : elles sont couleur de dindes rôties , comme les maisons de MM. Feuchères,
Sechan, Dieterle et Desplechin dans les décorations de la *Tarentule* ; des bouquets d'arbres et des plaques de chênes verts relèvent
heureusement les grandes lignes et les teintes
vaporeusement sévères des montagnes. Nous
insistons beaucoup sur ces arbres, parce que
rien n'est plus rare en Espagne, et que désor-
mais nous n'aurons guère occasion d'en décrire.

Nous changeâmes de mules à Oyarzun , et
nous arrivâmes à la tombée de la nuit au village d'Astigarraga , où nous devions coucher ;
nous n'avions pas encore tâté de l'auberge es-

pagnole ; les descriptions *picaresques* et four-
millantes de don Quixote et de Lazarille de
Tormes, nous revenaient en mémoire, et tout
le corps nous démangeait rien que d'y songer.
Nous nous attendions à des omelettes ornées
de cheveux mérovingiens, entremêlées de plu-
mes et de pattes, à des quartiers de lard rance
avec toutes leurs soies également propres à faire
la soupe et à brosser les souliers, à du vin dans
des outres de bouc, comme celle que le bon
chevalier de la Manche tailladait si furieusement, et même nous nous attendions à rien du
tout, ce qui est bien pis, et nous tremblions de
n'avoir rien autre chose à prendre que le frais
du soir, et de souper, comme le valeureux don
Sanche, d'un air de mandoline, tout sec.

Profitant du peu de jour qui nous restait,
nous allâmes visiter l'église qui, à vrai dire,
avait plutôt l'air d'une forteresse que d'un temple : la petitesse des fenêtres percées en meur-
trières, l'épaisseur des murs, la solidité des
contreforts lui donnaient une attitude robuste
et carrée, plus guerrière que pensive. Cette
forme se reproduit souvent dans les églises

d'Espagne. Tout autour régnait une espèce de cloître ouvert, dans lequel était suspendue une cloche d'une forte dimension qu'on fait sonner en agitant le battant avec une corde, au lieu de donner la volée à l'énorme capsule de métal.

Quand on nous mena dans nos chambres, nous fûmes éblouis de la blancheur des rideaux du lit et des fenêtres, de la propreté hollandaise des planchers, et du soin parfait de tous les détails. De belles grandes filles bien découplées avec leurs magnifiques tresses tombant sur les épaules, parfaitement habillées, et ne ressemblant en rien aux *maritornes* promises, allaient et venaient avec une activité de bon augure pour le souper qui ne se fit pas attendre ; il était excellent et très bien servi. Au risque de paraître minutieux, nous allons en faire la description ; car la différence d'un peuple à un autre se compose précisément de ces mille petits détails que les voyageurs négligent pour de grandes considérations poétiques et politiques que l'on peut très bien écrire sans aller dans le pays.

L'on sert d'abord une soupe grasse, qui diffère de la nôtre en ce qu'elle a une teinte rougeâtre qu'elle doit au safran, dont on la saupoudre pour lui donner du ton. Voilà, pour le
coup, de la couleur locale, de la soupe rouge !
Le pain est très blanc, très serré, avec une
croûte lisse et légèrement dorée ; il est salé
d'une manière sensible aux palais parisiens.
Les fourchettes ont la queue renversée en arrière, les pointes plates et taillées en dents de
peigne ; les cuillers ont aussi une apparence de
spatule que n'a pas notre argenterie. Le linge
est une espèce de damas à gros grains. —
Quant au vin, nous devons avouer qu'il était
du plus beau violet d'évêque qu'on puisse voir,
épais à couper au couteau, et les carafes où il
était renfermé ne lui donnaient aucune transparence.

Après la soupe, l'on apporta le *puchero*, mets
éminemment espagnol, ou plutôt l'unique mets
espagnol, car on en mange tous les jours d'I-
run à Cadix, et réciproquement. — Il entre
dans la composition d'un *puchero* confortable
un quartier de vache, un morceau de mouton,

un poulet, quelques bouts d'un saucisson nommé *chorizo*, bourré de poivre, de piment et autres épices, des tranches de lard et de jambon, et par là-dessus une sauce véhémente aux tomates et au safran ; voici pour la partie animale. — La partie végétale, appelée *verdura*, varie selon les saisons ; mais les choux et les *garbanzos* servent toujours de fond ; le *garbanzo* n'est guère connu à Paris, et nous ne pouvons mieux le définir qu'en disant : — c'est un pois qui a l'ambition d'être un haricot, et qui y réussit trop bien. Tout cela est servi dans des plats différens, mais on mêle ces ingrédiens sur son assiette de manière à produire une mayonnaise très compliquée, et d'un fort bon goût. — Cette mixture paraîtra tant soit peu sauvage aux gourmets qui lisent Carême, Brillat-Savarin, Grimod de la Reynière et M. de Cussy ; cependant elle a bien son charme et doit plaire aux éclectiques et aux panthéistes. — Ensuite viennent les poulets à l'huile, car le beurre est une chose inconnue en Espagne, le poisson frit, truite ou merluche, l'agneau rôti, les asperges, la salade ;

et pour dessert, de petits biscuits-macarons,
des amandes passées à la poéle et d'un goût exquis, du fromage de lait de chèvre, *queso de
Burgos*, qui a une grande réputation qu'il mérite quelquefois. Pour finir, on apporte un ca-
baret avec du vin de Malaga, de Xérès et de
l'eau-de-vie, *aguardiente*, qui ressemble à de
l'anisette de France, et une petite coupe (*fuego*)
remplie de braise pour allumer les cigarettes.
— Ce repas, avec quelques variantes peu im-
portantes, se reproduit invariablement dans
toutes les Espagnes...

Nous partîmes d'Astigarraga au milieu de la
nuit; comme il ne faisait pas clair de lune, il
se trouve naturellement une lacune dans notre
récit; nous passâmes à Ernani, bourg dont le
nom éveille les souvenirs les plus romantiques,
sans y rien apercevoir que des tas de masures
et de décombres vaguement ébauchés dans l'obscurité. Nous traversâmes, sans nous y arrêter,
Tolosa, où nous remarquâmes des maisons
ornées de fresques et de gigantesques blasons
sculptés en pierre : c'était jour de marché, et la
place était couverte d'ânes, de mulets pittores-

quement harnachés, et de paysans à mines singulières et farouches.

A force de monter et de descendre, de passer des torrens sur des ponts de pierre sèche,
nous arrivâmes enfin à Vergara, lieu de la dî-
née, avec une satisfaction intime, car nous n'a-
vions plus souvenir de la *jicara de chocolate*
avalée, moitié en dormant, à l'auberge d'Astigarraga.

A Vergara, qui est l'endroit où fut conclu le
traité entre Espartero et Maroto, j'aperçus
pour la première fois un prêtre espagnol. —
Son aspect me parut assez grotesque quoique
je n'aie, Dieu merci, aucune idée voltairienne
à l'endroit du clergé ; mais la caricature du
Basile de Beaumarchais me revint involontai-

rement en mémoire. Figurez-vous une soutane noire, le manteau de même couleur, et pour couronner le tout un immense, un prodigieux, un phénoménal, un hyperbolique et titanique chapeau, dont aucune épithète, pour boursouflée et gigantesque qu'elle soit, ne peut donner même une légère idée approximative. Ce chapeau a pour le moins trois pieds de long ; les bords sont roulés en dessus, et font devant et derrière la tête une espèce de toit horizontal. Il est difficile d'inventer une forme plus barroque et plus fantastique : cela n'empêchait pas, en somme, le digne prêtre d'avoir la mise fort respectable et de se promener avec l'air d'un homme qui a la conscience parfaitement tranquille sur la forme de sa coiffure ; au lieu de rabat il portait un petit collet (*alzacuello*) bleu et blanc comme les prêtres de Belgique.

Après Mondragon, qui est la dernière bourgade, comme on dit en Espagne, le dernier *pueblo* de la province de Guipuscoa, nous entrâmes dans la province d'Alava, et nous ne tardâmes pas à nous trouver au bas de la montagne de Salinas. Les montagnes russes ne sont

rien à côté de cela, et tout d'abord l'idée qu'une
voiture va passer par là-dessus vous paraît
aussi ridicule que de marcher au plafond la
tête en bas, comme les mouches. Ce prodige
s'opéra grâce à six bœufs que l'on attela en tête
des dix mules. Je n'ai jamais de ma vie entendu un vacarme pareil : le mayoral, le zagal,
les escopeteros, le postillon et les bouviers faisaient assaut de cris, d'invectives, de coups de
fouets, de coups d'aiguillon ; ils poussaient les
jantes des roues, soutenaient la caisse par derrière, tiraient les mules par le licou, les bœufs
par les cornes, avec une ardeur et une furie
incroyables. Cette voiture, au bout de cette interminable file d'animaux et d'hommes, faisait
l'effet le plus étonnant du monde. Il y avait
bien cinquante pas entre la première et la dernière bête de l'attelage. N'oublions pas, en passant, le clocher de Salinas, qui a une forme
sarrazine assez ragoûtante.

Du haut de cette montagne on voit se dérou-
ler, si l'on regarde derrière soi, en perspectives
infinies, les différens étages de la chaine des
Pyrénées ; on dirait d'immenses draperies de

velours épinglé jetées là au hasard et chiffonnées en plis bizarres par le caprice d'un Titan. A Royave, qui est un peu plus loin, je remarquai un magnifique effet de lumière. Une crête neigeuse (*sierra nevada*), que les montagnes trop rapprochées nous avaient voilée jusque là, apparut tout à coup, se détachant sur un ciel d'un bleu lapis si foncé qu'il était presque noir. Bientôt, à tous les bords du plateau que nous traversions, d'autres montagnes levèrent curieusement leurs têtes chargées de neige et baignées de nuages. Cette neige n'était pas compacte, mais divisée en minces filons, comme les côtes d'argent d'une gaze lamée, ce qui augmentait sa blancheur par le contraste avec les teintes d'azur et de lilas des escarpemens. Le froid était assez vif et augmentait d'intensité à mesure que nous avancions. Le vent ne s'était guère réchauffé à caresser les joues pâles de ces belles vierges frileuses, et nous arrivait aussi glacial que s'il fût venu en droite ligne du pôle arctique ou antarctique. Nous nous enveloppâmes le plus hermétiquement possible dans nos manteaux, car il est extrêmement honteux d'a-

voir le nez gelé dans un pays torride ; grillé,
passe encore.

Le soleil se couchait quand nous entrâmes
dans Vittoria : après avoir traversé toutes sortes de rues d'une architecture médiocre et d'un
goût maussade, la voiture s'arrêta au *parador
viejo*, où l'on visita minutieusement nos malles.
— Notre daguerréotype surtout inquiétait beaucoup les braves douaniers ; ils ne s'en appro-
chaient qu'avec une infinité de précautions et
comme des gens qui ont peur de sauter en l'air :
je crois qu'ils le prenaient pour une machine
électrique ; nous nous gardâmes bien de les
faire revenir de cette idée salutaire

Nos effets visités, nos passeports timbrés,
nous avions le droit de nous éparpiller sur le
pavé de la ville. Nous en profitâmes sur-le-
champ, et traversant une assez belle place entourée d'arcades , nous allâmes tout droit à
l'église ; l'ombre emplissait déjà la nef et s'en-
tassait mystérieuse et menaçante dans les coins
obscurs où l'on démêlait vaguement des formes
fantasmatiques. Quelques petites lampes trem-
blotaient sinistrement jaunes et enfumées

comme des étoiles dans du brouillard. Je ne sais quelle fraîcheur sépulcrale me saisissait l'épiderme, et ce ne fut pas sans un léger sentiment de peur que j'entendis murmurer par une voix lamentable, tout près de moi, la formule sacramentelle, — *Caballero, una limosina por amor de Dios;* c'était un pauvre diable de soldat blessé qui nous demandait la charité.— Ici les soldats mendient, action qui a son excuse dans leur misère profonde, car ils sont payés fort irrégulièrement. — Dans l'église de Vittoria je fis connaissance avec ces effrayantes sculptures en bois colorié dont les Espagnols font un si étrange abus.

Après un souper (*cena*), qui nous fit regretter celui d'Astigarraga, l'idée nous vint d'aller au spectacle : nous avions été affriandés, en passant, par une pompeuse affiche annonçant une représentation extraordinaire d'hercules français, qui devait se terminer par un certain *baile nacional* (danse du pays) qui nous paraissait gros de cachuchas, de boleros, de fandangos et autres danses endiablées.

Les théâtres, en Espagne, n'ont généralement

pas de façade, et ne se distinguent des autres maisons que par les deux ou trois quinquets fumeux accrochés à la porte. Nous prîmes deux stalles d'orchestre, qu'on nomme places de lunettes, *asientos de luneta*, et nous nous enfournâmes bravement dans un couloir dont le sol n'était ni planchéié ni carrelé, mais en simple terre naturelle. On ne se gêne guère plus avec les murailles des couloirs qu'avec les murs de monumens publics qui portent l'inscription : Défense, sous peine d'amende, de déposer, etc., etc. Mais en nous bouchant bien hermétiquement le nez, nous arrivâmes à nos places seulement asphyxiés à demi. — Ajoutez à cela qu'on fume perpétuellement pendant les entr'actes, et vous n'aurez pas une idée bien balsamique d'un théâtre espagnol.

L'intérieur de la salle est cependant plus confortable que les abords ne le promettent; les loges sont assez bien disposées, et quoique la décoration soit très simple, elle est fraîche et propre. — Les *asientos de luneta* sont des fauteuils rangés par files et numérotés; il n'y a pas de contrôleur à la porte pour prendre vos billets, mais un petit garçon vient vous les demander avant la fin du spectacle ; on ne vous prend à la première porte qu'une contre-marque d'entrée générale.

Nous espérions trouver là le type espagnol féminin, dont nous n'avions encore eu que peu d'exemples ; mais les femmes qui garnissaient les loges et les galeries n'avaient d'espagnol que la mantille et l'éventail : c'était déjà beaucoup, mais ce n'était pas assez, cependant. Le public se composait généralement de militaires, ainsi que dans toutes les villes où il y a garnison. On se tient debout au parterre, comme dans les théâtres tout-à-fait primitifs. Pour ressembler au théâtre de l'hôtel de Bourgogne, il ne manquait vraiment à celui-ci qu'une rangée de chandelles et un moucheur ; mais les verres des quinquets étaient faits avec des lamelles disposées en côtes de melon et réunies en haut par un cercle de ferblanc, ce qui n'est pas d'une industrie bien avancée. — L'orchestre, composé d'une seule file de musiciens, presque tous jouant d'instrumens de cuivre, soufflait vaillamment dans les cornets à piston une ritournelle toujours la même, et rappelant la fanfare de Franconi.

Nos compatriotes herculéens soulevèrent des masses de poids, tordirent beaucoup de barres de fer, au grand contentement de l'assemblée, et le plus léger des deux exécuta une ascension sur la corde raide et autres exercices, hélas! trop connus à Paris, mais neufs probablement pour la population de Vittoria. — Nous séchions d'impatience dans nos stalles, et je récurais le verre de ma lorgnette avec une activité furieuse pour ne rien perdre du *baile nacional*. Enfin l'on détendit les chevalets, et les *Turcs* de service emportèrent les poids et tout le matériel des hercules. — Représentez-vous bien, ami lecteur, l'attente passionnée de deux jeunes Français enthousiastes et romantiques qui vont voir pour la première fois une danse espagnole — en Espagne!

Enfin la toile se leva sur une décoration qui avait des velléités, non suivies d'effet, d'être enchanteresse et féerique; les cornets à piston soufflèrent avec plus de fureur que jamais la fanfare déjà décrite, et le *baile nacional* s'avança sous la figure d'un danseur et d'une danseuse armés tous deux de castagnettes.

Je n'ai rien vu de plus triste et de plus lamentable que ces deux grands débris qui *ne se consolaient pas entre eux :* le théâtre à quatre sous n'a jamais porté sur ses planches vermoulues un couple plus usé, plus éreinté, plus édenté, plus chassieux, plus chauve et plus en ruines ; la pauvre femme, qui s'était plâtrée avec du mauvais blanc, avait une teinte bleu de ciel qui rappelait à l'imagination les images anacréontiques d'un cadavre de cholérique ou d'un noyé peu frais ; les deux taches rouges qu'elle avait plaquées sur le haut de ses pommettes osseuses, pour rallumer un peu ses yeux de poisson cuit, faisaient avec ce bleu le plus singulier contraste ; elle secouait avec ses mains veineuses et décharnées des castagnettes fêlées qui claquaient comme les dents d'un homme qui a la fièvre ou les charnières d'un squelette en mouvement. De temps en temps, par un effort désespéré, elle tendait les ficelles relâchées de ses jarrets, et parvenait à soulever sa pauvre vieille jambe taillée en balustre,

de manière à produire une petite cabriole ner-
veuse, comme une grenouille morte soumise à
la pile de Volta, et à faire scintiller et fourmil-
ler une seconde les paillettes de cuivre du lambeau douteux qui lui servait de basquine. Quant
à l'homme, il se trémoussait sinistrement dans
son coin; il s'élevait et retombait flasquement
comme une chauve-souris qui rampe sur ses
moignons; il avait une physionomie de fos-
soyeur s'enterrant lui-même : son front ridé
comme une botte à la hussarde, son nez de
perroquet, ses joues de chèvre lui donnaient
une apparence des plus fantastiques, et si au
lieu des castagnettes il avait eu en main un re-
bec gothique, il aurait pu poser pour le cory-
phée de la danse des morts sur la fresque de
Bâle.

Tout le temps que la danse dura ils ne levèrent pas une fois les yeux l'un sur l'autre; on
eût dit qu'ils avaient peur de leur laideur réci-
proque, et qu'ils craignaient de fondre en larmes en se voyant si vieux, si décrépits et si
funèbres. L'homme, surtout, fuyait sa compa-
gne comme une araignée, et semblait frisson-

ner d'horreur dans sa vieille peau parcheminée, toutes les fois qu'une figure de la danse le
forçait de s'en rapprocher. Ce boléro-macabre
dura cinq ou six minutes, après quoi la toile
tombant mit fin au supplice de ces deux malheureux et au nôtre.

Voilà comme le boléro apparut à deux pauvres voyageurs épris de couleur locale. Les danses espagnoles n'existent qu'à Paris, comme les
coquillages, qu'on ne trouve que chez les marchands de curiosités, et jamais sur le bord de
la mer. O Fanny Essler! qui êtes maintenant
en Amérique chez les sauvages, même avant
d'aller en Espagne nous nous doutions bien
que c'était vous qui aviez inventé la cachucha!

Nous nous allâmes coucher assez désappointés. Au milieu de la nuit on vint nous éveiller
pour nous remettre en route ; il faisait toujours
un froid glacial, une température de Sibérie,
ce qui s'explique par la hauteur du plateau
que nous traversions et les neiges dont nous
étions entourés. — A Miranda, l'on visita encore une fois nos malles, et nous entrâmes dans
la Vieille-Castille, *Castilla la Vieja*, dans le

royaume de Castille et Léon, symbolisé par un lion tenant un écu semé de châteaux. Ces lions, répétés à satiété, sont ordinairement en granit grisâtre et ont une prestance héraldique assez imposante.

Entre Ameyugo et Cubo, petites bourgades insignifiantes, où l'on relaie, le paysage est extrêmement pittoresque ; les montagnes se rapprochent, se resserrent, et d'immenses rochers perpendiculaires se dressent au bord de la route, escarpés comme des falaises ; sur la gauche, un torrent traversé par un pont à ogive tronquée, bouillonne au fond d'un ravin, fait tourner un moulin, et couvre d'écume les pierres qui l'arrêtent ; pour que rien ne manque à l'effet, une église gothique, tombant en ruine, le toit défoncé, les murs brodés de plantes parasites, s'élève au milieu des roches ; dans le fond la Sierra se dessine vague et bleuâtre. Cette vue sans doute est belle, mais le passage de *Pancorbo* l'emporte pour la singularité et le grandiose. Les rochers ne laissent plus que la place du chemin tout juste, et l'on arrive à un endroit où deux grandes masses granitiques, penchées l'une vers l'autre, simulent l'arche d'un pont gigantesque que l'on aurait coupé par le milieu, pour fermer le passage à une armée de Titans; une seconde arche plus petite, pratiquée dans l'épaisseur de la roche, ajoute encore à l'illusion. Jamais décorateurs de théâtres n'ont imaginé une toile plus pittoresque et mieux entendue; quand on est accoutumé aux plates perspectives des plaines, les effets surprenans que l'on rencontre à chaque pas dans les montagnes, vous semblent impossibles et fabuleux.

La posada, où l'on s'arrêta pour dîner, avait pour vestibule une écurie. Cette disposition architecturale se répète invariablement dans toutes les posadas espagnoles, et pour aller à sa chambre il faut passer derrière la croupe des mules. Le vin, plus noir encore que de coutume, avait en plus un certain fumet de peau de bouc assez local. Les filles de l'auberge portaient leurs cheveux pendans jusqu'au milieu du dos; excepté cela, leur vêtement était celui des femmes françaises de la classe inférieure. Les costumes nationaux ne sont guère, en général, conservés que dans l'Andalousie, et il y a maintenant en Castille bien peu d'anciens costumes. Pour les hommes, ils portaient tous le chapeau pointu, bordé de velours avec des houppes de soie, ou bien une casquette en peau de loup de forme assez féroce, et l'inévitable manteau couleur tabac ou ramoneur. Leurs figures, du reste, ne présentaient rien de caractéristique.

De Pancorbo à Burgos, nous rencontrâmes trois ou quatre petits villages à moitié en ruine, secs comme de la pierre ponce et couleur de pain grillé, tels que Briviesca, Castil de Péones et Quintanapalla. Je doute qu'au fond de l'Asie-Mineure Decamps ait jamais trouvé des murailles plus rôties, plus roussies, plus fauves, plus grenues, plus croustillantes et plus égratignées que celles-là. Le long de ces murailles flânaient de certains ânes qui valent bien les ânes turcs, et qu'il devrait aller étudier. L'âne turc est fataliste, et l'on voit à sa mine humble et rêveuse qu'il est résigné à tous les coups de bâton que le destin lui réserve et qu'il subira sans se plaindre. L'âne castillan a la mine plus philosophique et plus délibérée ; il comprend qu'on ne peut se passer de lui ; il est de la maison, il a lu don Quixote, et se flatte de descendre en droite ligne du célèbre grison de Sancho Pança. Côte à côte avec les ânes vaguaient aussi des chiens pur sang et d'une race superbe, parfaitement onglés, râblés et coiffés, entre autres de grands levriers dans le goût de Paul Véronèse et de Velasquez, d'une taille et d'une beauté admirables, sans compter quelques douzaines de muchachos ou gamins dont les yeux pétillaient dans les guenilles comme des diamans noirs.

La Castille vieille est, sans doute, ainsi nommée à cause du grand nombre de vieilles qu'on y rencontre : et quelles vieilles ! Les sorcières de Macbeth traversant la bruyère de Dunsinane pour aller préparer leur infernale cuisine, sont de charmantes jeunes filles en comparaison : les abominables mégères des caprices de Goya, que j'avais pris jusqu'à présent pour des cauchemars et des chimères monstrueuses, ne sont que des portraits d'une exactitude effrayante ; la plupart de ces vieilles ont de la barbe comme du fromage moisi, et des moustaches comme des grenadiers ; et puis , c'est leur accoutrement qu'il faut voir! on prendrait un morceau d'étoffe , et l'on travaillerait pendant dix ans à le salir, à le râper, à le trouer, à le rapiécer, à lui faire perdre sa couleur primitive, que l'on n'arriverait pas à cette sublimité du haillon! — Ces agrémens sont rehaussés par une mine hagarde et farouche bien différente de la tenue humble et piteuse des pauvres gens de France.

Un peu avant d'arriver à Burgos, l'on nous fit remarquer dans le lointain un grand édifice sur une colline : c'était la *Cartuja de Miraflores* (la Chartreuse), dont nous aurons occasion de parler plus amplement ; bientôt après, les flèches de la cathédrale développèrent sur le ciel leurs dentelures de plus en plus distinctes ; — une demi-heure après, nous entrions dans l'ancienne capitale de la Vieille-Castille.

La place de Burgos, au milieu de laquelle s'élève une assez médiocre statue en bronze de Charles III, est grande et ne manque pas de caractère. Des maisons rouges, supportées par des piliers de granit bleuâtre, la ferment de tous côtés. Sous les arcades et sur la place, se tiennent toutes sortes de petits marchands et se promènent une infinité d'ânes, de mulets et de paysans pittoresques. Les guenilles castillanes se produisent là dans toute leur splendeur. Le moindre mendiant est drapé noblement dans son manteau comme un empereur romain dans sa pourpre. Je ne saurais mieux comparer ces manteaux, pour la couleur et la substance, qu'à de grands morceaux d'amadou déchiquetés par le bord. — Le manteau de don César de Bazan, dans la pièce de *Ruy Blas*, n'approche pas de ces triomphantes et glorieuses guenilles! Tout cela est si râpé, si sec, si inflammable, qu'on les trouve imprudens de fumer et de battre le briquet. Les petits enfans de six ou huit ans ont aussi leurs manteaux, qu'ils portent avec la plus ineffable gravité. Je ne puis me rappeler sans rire un pauvre petit diable qui n'avait plus qu'un collet qui lui couvrait à peine l'épaule, et qui se drapait dans les plis absens d'un air si comiquement piteux, qu'il eût déridé le spleen en personne. Les condamnés au *presidio* (travaux forcés) balaient la ville et enlèvent les immondices sans quitter les haillons qui les emmaillottent. Ces galériens en manteaux sont bien les plus étonnantes canailles que l'on puisse voir. A chaque coup de balai, ils vont s'asseoir ou se coucher sur le seuil des portes. Rien ne leur serait plus facile que de s'échapper, et comme j'en fis l'objection, on me répondit qu'ils ne le faisaient pas par un effet de la bonté naturelle de leur caractère.

La fonda où nous descendîmes était une vraie fonda espagnole où personne n'entendait un mot de français; il nous fallut bien déployer notre castillan, et nous écorcher le gosier à râler l'abominable jota, son arabe et guttural qui n'existe pas dans notre langue, et je dois dire que, grâce à l'extrême intelligence qui distingue ce peuple, on nous comprenait assez bien; l'on nous apportait bien quelquefois de la chandelle quand nous demandions de l'eau, ou du chocolat quand nous voulions de l'encre; mais, à part ces petites méprises fort pardonnables, tout allait pour le mieux ; l'auberge était desservie par un peuple de maritornes échevelées qui portaient les plus beaux noms du monde : Casilda, Mathilde, Balbina; les noms sont toujours charmans en Espagne : Lola, Bibiana, Pepa, Hilaria, Carmen, Cipriana, servent d'étiquette aux créatures les moins poétiques qu'on puisse voir ; — l'une de ces filles avait les cheveux d'un roux très véhément, couleur qui est très fréquente en Espagne, où il y a beaucoup de blondes et surtout beaucoup de rousses contre l'idée généralement reçue.

On ne met pas ici de buis bénit dans les chambres, mais de grands rameaux en forme de palmes, tressés, nattés et tirebouchonnés avec beaucoup d'élégance et de soin. Les lits n'ont pas de traversin, mais deux oreillers plats que l'on superpose; ils sont généralement fort durs, quoique la laine en soit bonne ; mais on n'est pas dans l'habitude de carder les matelas, on en retourne seulement la laine au bout de deux bâtons.

En face de nos fenêtres, nous avions une enseigne assez bizarre, celle d'un maître en chirurgie qui s'était fait représenter avec son élève sciant le bras à un pauvre diable assis sur une chaise, et nous apercevions la boutique d'un barbier qui, je vous le jure, ne ressemblait nullement à Figaro. Nous voyions reluire à travers ses vitres un grand plat à barbe en cuivre jaune assez brillant, que don Quixote, s'il était de ce monde, aurait bien pu prendre pour l'armet de Mambrin. Les barbiers espagnols, s'ils ont perdu leur costume, ont conservé leur adresse, et rasent avec beaucoup de dextérité.

Pour avoir été si long-temps la première ville de la Castille, Burgos ne conserve pas une physionomie gothique bien prononcée ; à l'exception d'une rue où se trouvent quelques fenêtres et quelques portiques du temps de la renaissance, avec des blasons supportés par des figures, les maisons ne remontent guère au delà du commencement du dix-septième siècle, et n'ont rien que de très vulgaire ; elles sont surannées et ne sont pas antiques. Mais Burgos a sa cathédrale qui est une des plus belles du monde : malheureusement, comme toutes

les cathédrales gothiques, elle est enchâssée
dans une foule de constructions ignobles, qui
ne permettent pas d'en apprécier l'ensemble et
d'en saisir la masse. Le principal portail donne
sur une place au milieu de laquelle s'élève une
jolie fontaine surmontée d'un délicieux Christ
en marbre blanc, point de mire de tous les po-
lissons de la ville, qui n'ont pas de plus doux
passe-temps que de jeter des pierres contre les
sculptures. Ce portail qui est magnifique, brodé,
fouillé et fleuri comme une dentelle, a été malheureusement gratté et raboté jusqu'à la première frise par je ne sais quels prélats italiens,
grands amateurs d'architecture simple, de murailles sobres et d'ornemens de bon goût, qui
voulaient arranger la cathédrale à la romaine,
ayant grand' pitié de ces pauvres architectes
barbares qui pratiquaient peu l'ordre corin-
thien, et n'avaient pas l'air de se douter des
agrémens de l'attique et du fronton triangulaire. Beaucoup de gens sont encore de cet
avis en Espagne, où le goût *messidor* fleurit
dans toute sa pureté, et préfèrent aux églises
gothiques les plus épanouies et les plus riche-

ment ciselées, toutes sortes d'abominables édifices percés de beaucoup de fenêtres, et *ornés* de
colonnes pestumniennes, absolument comme
en France, avant que l'école romantique eût
remis le moyen-âge en honneur, et fait comprendre le sens et la beauté des cathédrales.
Deux flèches aiguës tailladées en scie, découpées à jour comme à l'emporte-pièce, festonnées et brodées, ciselées jusque dans les moindres détails, comme un chaton de bague,
s'élancent vers Dieu avec toute l'ardeur de la
foi et tout l'emportement d'une conviction iné-
branlable. Ce ne sont pas nos campaniles in-
crédules qui oseraient se risquer dans le ciel,
n'ayant pour se soutenir que des dentelles de
pierre et des nervures minces comme des fils
d'araignée. Une autre tour, sculptée aussi avec
une richesse inouïe, mais moins haute, marque
la place où se joignent les bras de la croix, et
complète la magnificence de la silhouette. Une
foule innombrable de statues de saints, d'ar-
changes, de rois, de moines, anime toute cette
architecture, et cette population de pierres est
si nombreuse, si pressée, si fourmillante,

qu'elle dépasse à coup sûr le chiffre de la population en chair et en os qui occupe la ville.

Grâce à la charmante obligeance du chef
politique, don Henrique de Vedia, nous pûmes
visiter la cathédrale jusque dans ses moindres
détails. — Un volume in-8° de description, un
atlas de deux mille planches, vingt salles rem-
plies de plâtres moulés, ne donneraient pas
encore une idée complète de cette prodigieuse
efflorescence de l'art gothique, plus touffue et
plus compliquée qu'une forêt vierge du Brésil.
L'on nous pardonnera, à nous qui n'avons pu
écrire qu'une simple lettre griffonnée à la hâte
et de mémoire sur le coin d'une table de posada, quelques omissions et quelques négli-
gences.

Au premier pas que l'on fait dans l'église,
on est arrêté au collet par un chef-d'œuvre in-
comparable : c'est la porte en bois sculpté qui
donne sur le cloître; elle représente, entre autres bas-reliefs, l'entrée de Notre-Seigneur à
Jérusalem; les jambages et les portans sont
chargés de figurines délicieuses, de la tournure
la plus élégante et d'une telle finesse, que l'on

ne peut comprendre qu'une matière inerte et sans transparence comme le bois, se soit prêtée à une fantaisie si capricieuse et si spirituelle. C'est assurément la plus belle porte du monde après celle du baptistère de Florence, par Ghiberti, que Michel-Ange, qui s'y connaissait, trouvait digne d'être la porte du paradis. — Il faudrait mouler cette admirable page et la couler en bronze, pour lui assurer l'éternité dont peuvent disposer les hommes.

Le chœur, où sont les stalles, qu'on appelle *silleria*, est fermé par des grilles en fer repoussé d'un travail inconcevable ; le pavé est couvert, comme c'est l'usage en Espagne, d'immenses nattes de sparteries, et chaque stalle a en outre son tapis d'herbe sèche ou de jonc. En levant la tête, on aperçoit une espèce de dôme formé par l'intérieur de la tour dont nous avons déjà parlé ; c'est un gouffre de sculptures, d'arabesques, de statues, de colonnettes, de nervures, de lancettes, de pendentifs à vous donner le vertige. On regarderait deux ans qu'on n'aurait pas tout vu. C'est touffu comme un chou, fénestré comme une truelle à poisson ; c'est gigantesque comme une pyramide et délicat comme une boucle d'oreille de femme, et l'on ne peut comprendre qu'un semblable filigrane puisse se soutenir en l'air depuis des siècles ! Quels hommes étaient-ce donc que ceux qui exécutaient ces merveilleuses constructions que les prodigalités des palais féeriques ne pourraient dépasser ? La race en est-elle donc perdue ? Et nous, qui nous vantons d'être civilisés, ne serions-nous en effet que des barbares décrépits ? Un profond sentiment de tristesse me serre le cœur lorsque je visite un de ces prodigieux édifices des temps passés ; il me prend un découragement immense, et je n'aspire plus qu'à me retirer dans un coin, à me mettre une pierre sous la tête, pour attendre, dans l'immobilité de la contemplation, la mort, cette immobilité absolue. A quoi bon travailler, à quoi bon se remuer ? l'effort humain le plus violent n'arrivera jamais au-delà. Eh bien ! l'on ignore les noms de ces divins artistes, et pour en trouver quelques traces, il faut fouiller les archives poudreuses des couvens. Quand je pense que j'ai usé la meilleure portion de ma vie à rimer dix ou douze mille vers, à écrire six ou sept pauvres volumes in-8° et trois ou quatre cents mauvais articles de journaux, et que je me trouve fatigué, j'ai honte de moi-même et de mon époque, où il faut tant d'efforts pour produire si peu de chose. Qu'est-ce qu'une mince feuille de papier à côté d'une montagne de granit?

Si vous voulez faire un tour avec nous dans cet immense madrepore, construit par ces prodigieux polypes humains du quatorzième et du quinzième siècle, nous allons commencer par la petite sacristie, qui est une salle assez vaste malgré son titre, et renferme un *Ecce homo*, *un Christ en croix*, de Murillo, une *Nativité*, de Jordaëns, encadrée par des boiseries précieusement sculptées; au milieu est placé un grand brasero, qui sert à allumer les encensoirs et peut-être aussi les cigarettes, car beaucoup de prêtres espagnols fument, ce qui ne nous paraît pas plus inconvenant que de priser du tabac en poudre, jouissance que le clergé français se permet sans aucun scrupule. Le brasero est une grande bassine de cuivre jaune posée sur un trépied et remplie de braise ou de petits noyaux allumés et recouverts de cendre fine, qui font un feu doux. Le brasero remplace en Espagne les cheminées, qui sont fort rares.

Dans la grande sacristie, voisine de la petite, on remarque un Christ en croix du Domenico Theotocopuli, dit *el Greco*, peintre extravagant et singulier, dont on prendrait les tableaux pour des esquisses du Titien, si une certaine affectation de formes aiguës et strapassées ne les faisaient bientôt reconnaître. Pour donner à sa peinture l'apparence d'être faite avec une grande fierté de touche, il jette çà et là des coups de brosse d'une pétulance et d'une brutalité incroyables, des lueurs minces et acérées qui traversent les ombres comme des lames de sabre; tout cela n'empêche pas le Greco d'être un grand peintre; les bons ouvrages de sa seconde manière ressemblent beaucoup aux tableaux romantiques d'Eugène Delacroix. Vous avez sans doute vu au musée espagnol de Paris le portrait de la fille du Greco, magnifique tête que ne désavouerait aucun maître, et vous pouvez juger quel admirable peintre ce devait être que Domenico Theotocopuli, lorsqu'il était dans son bon sens; il paraît que la préoccupation d'éviter de ressembler au Titien, dont on prétend qu'il avait été élève, lui troubla la cervelle et le jeta dans les extravagances et les caprices qui ne laissent briller que par lueurs intermittentes les magnifiques facultés qu'il avait reçues de la nature; le Greco était en outre architecte et sculpteur, sublime trinité, lumineux triangle, qui se rencontre souvent dans le ciel de l'art suprême. Cette sacristie est entourée de boiseries formant armoires, avec des colonnes fleuries et festonnées, du goût le plus riche; au dessus des boiseries, règne une rangée de miroirs de Venise, dont je ne m'explique guère l'usage, à moins qu'ils ne soient comme pur ornement, car ils sont trop haut pour qu'on puisse s'y regarder; plus haut que les miroirs, les plus anciens touchant à la voûte, sont disposés par ordre chronologique les portraits de tous les évêques de Burgos, depuis le premier jusqu'à celui qui occupe aujourd'hui le siége épiscopal. — Ces portraits,

quoique peints à l'huile, ont un aspect de pas-
tel et de détrempe qui vient de ce qu'on ne
vernit pas les tableaux en Espagne, manque
de précaution qui a laissé dévorer par l'humidité bien des chefs-d'œuvre regrettables. Ces
portraits, quoique d'une grande tournure pour
la plupart, ne sont cependant pas des peintures
de premier ordre, et d'ailleurs ils sont accrochés trop haut pour que l'on puisse juger du
mérite de l'exécution. Le milieu de la salle est
occupé par un énorme buffet et d'immenses
corbeilles de sparteries, où sont rangés les ornemens d'église et les ustensiles du culte ; sous
deux cages de verre l'on conserve comme curiosité deux arbres de corail bien moins com-
pliqués dans leurs ramures que la moindre
arabesque de la cathédrale ; la porte est historiée des armes de Burgos en relief, avec un
semis de petites croix de gueules.

La salle de Jean Cuchiller, que l'on traverse
après celle-ci, n'a rien de remarquable comme
architecture, et nous pressions le pas pour en
sortir, lorsqu'on nous pria de lever la tête et
de regarder un objet des plus curieux. Cet ob-

jet était un grand coffre retenu au mur par des crampons de fer. Il est difficile d'imaginer une malle plus rapiécée, plus vermoulue et plus effondrée. — C'est à coup sûr la doyenne des malles du monde; une inscription en lettres noires ainsi conçue : — *Cofre del Cid*, donna tout de suite, comme vous pouvez le croire, une énorme importance à ces quatre ais de bois pourri. — Ce coffre, s'il faut en croire la chronique, est précisément celui que le fameux Ruy-Diaz de Vibar, plus connu sous le nom de Cid Campéador, manquant d'argent tout héros qu'il était, comme un simple littérateur, fit porter plein de sable et de cailloux, en nantissement, chez un honnête usurier juif qui prêtait sur gages, avec défense d'ouvrir la mystérieuse malle avant que lui, Cid Campéador, n'eût remboursé la somme empruntée.— Ce qui prouve que les usuriers de ce temps-là étaient de plus facile composition que ceux de nos jours. L'on trouverait maintenant peu de juifs et même peu de chrétiens assez naïfs et débonnaires pour accepter un pareil gage. — M. Casimir Delavigne s'est servi de cette légende

dans sa pièce de la *Fille du Cid*, mais il a sub-
stitué au coffre énorme une boîte imperceptible,
ble, qui ne peut rien contenir en effet que *l'or
de la parole du Cid* : et il n'est aucun juif,
même un juif des temps héroïques, qui prêtât
quelque chose sur une pareille bonbonnière :
le coffre historique est grand, large, lourd,
profond, garni de toutes sortes de serrures et
de cadenas : plein de sable, il devait falloir au
moins six chevaux pour le remuer, et le digne
Israélite pouvait le supposer rempli de nippes,
de joyaux ou d'argenterie, et se résigner plus
facilement aux caprices du Cid, caprice prévu
par le Code pénal, ainsi que beaucoup d'autres
fantaisies héroïques. — La mise en scène du
théâtre de la Renaissance est donc inexacte,
n'en déplaise à M. Anténor Joly.

V

En sortant de la salle de Jean Cuchiller, on entre dans une autre pièce d'un style de décoration très pittoresque ; — des boiseries de chêne, des tentures rouges et un plafond en manière de cuir de Cordoue du meilleur effet ; — on voit dans cette pièce une Nativité de Murillo, une Conception et un Jésus en robe fort bien peints.

Le cloître est rempli de tombeaux, la plupart fermés de grilles très serrées et très fortes: ces tombeaux, tous d'illustres personnages, sont pratiqués dans l'épaisseur du mur, historiés de blasons et brodés de sculptures. — Sur l'un d'eux je remarquai un groupe de Marie et Jésus tenant un livre à la main, d'une grande beauté, et une Chimère moitié animal, moitié arabesque, de l'invention la plus étrange et la plus surprenante. Sur toutes ces tombes sont couchées des statues de grandeur naturelle, soit de chevaliers armés, soit d'évêques en costume, qu'on prendrait volontiers à travers les mailles des grilles pour les morts qu'elles représentent, tant les attitudes sont vraies et les détails minutieux.

Sur le jambage d'une porte, je remarquai en passant une charmante petite statuette de la Vierge, d'une exécution délicieuse et d'une hardiesse d'idée extraordinaire : au lieu de cet air contrit et modeste que l'on donne habituellement à la sainte Vierge, le sculpteur l'a représentée avec un regard où la volupté se mêle à l'extase et dans l'enivrement d'une femme qui conçoit un Dieu. Elle est là debout, la tête renversée en arrière, aspirant de toute son ame et de tout son corps le rayon de flamme soufflé par la colombe symbolique, avec un mélange d'ardeur et de pureté d'une originalité rare ; il était difficile d'être neuf dans un sujet répété si souvent, mais rien n'est usé pour le génie.

La description de ce cloître demanderait à elle seule une lettre tout entière ; mais vu le peu d'espace et de temps dont nous pouvons disposer, vous nous pardonnerez de n'en dire que ces quelques mots et de rentrer dans l'église où nous prendrons au hasard, à droite et à gauche, les premiers chefs-d'œuvre venus, sans choix ni préférence ; car tout est beau, tout est admirable, et ce dont nous ne parlons pas vaut au moins ce dont nous parlons.

Nous nous arrêterons d'abord devant cette Passion de Jésus-Christ, en pierre, de Philippe de Bourgogne, qui n'est malheureusement pas un artiste français comme son nom ou plutôt son sobriquet pourrait le faire croire. — C'est un des plus grands bas-reliefs qu'il y ait au monde : selon l'usage gothique, il est divisé en plusieurs compartimens, le Jardin des Oliviers, le Portement de croix, le Crucifiement entre les deux voleurs, immense composition qui, pour la finesse des têtes et le précieux des détails, vaut tout ce qu'Albert Durer, Hemlinck ou Holbein, ont fait de plus délicat et de plus suave avec leur pinceau de miniaturiste ; cette épopée de pierre est terminée par une magnifique Descente au tombeau : les groupes d'apôtres endormis qui occupent les caissons inférieurs du Jardin des Oliviers, sont presque aussi beaux et aussi purs de style que les prophètes et les saints de fra Bartholomé ; les têtes des saintes femmes au pied de la croix ont une expression pathétique et douloureuse dont les artistes gothiques possédaient seuls le secret. Ici cette expression se joint à une rare beauté de forme ; les soldats se font remarquer par des ajustemens singuliers et farouches comme on en prêtait dans le moyen-âge aux personnages antiques orientaux ou juifs, dont on ne connaissait pas le costume ; ils sont d'ailleurs campés avec une audace et une crânerie qui fait le plus heureux contraste avec l'idéalité et la mélancolie des autres figures ; tout cela est encadré par des architectures travaillées comme de l'orfévrerie, d'un goût et d'une légèreté incroyables. Cette sculpture a été achevée en 1536.

Puisque nous en sommes à la sculpture, parlons tout de suite des stalles du chœur, admirable menuiserie qui n'a peut-être pas sa rivale au monde. Les stalles sont autant de merveilles ; elles représentent des sujets de l'Ancien-Testament en bas-reliefs, et sont séparées l'une de l'autre par des chimères et des animaux fantastiques en forme de bras de fauteuil. — Les parties planes sont formées d'incrustations relevées de hachures noires comme les nielles sur métaux : l'arabesque et le caprice n'ont jamais été plus loin. C'est une verve inépuisable, une abondance inouïe, une invention perpétuelle dans l'idée et dans la forme ; c'est un monde nouveau, une création à part aussi complète, aussi riche que celle de Dieu, où les plantes vivent, où les hommes fleurissent, où le rameau se termine par une main et la jambe par un feuillage, où la chimère à l'œil sournois ouvre ses ailes onglées, où le dauphin monstrueux souffle l'eau par ses *fosses*. — Un enlancement inextricable de fleurons, de rinceaux, d'acanthes, de lotus, de fleurs aux calices ornés d'aigrettes et de vrilles, de feuillages dentelés et contournés, d'oiseaux fabuleux, de poissons impossibles, de sirènes et de dragons extravagans, dont aucune langue ne peut donner l'idée. La fantasie la plus libre règne dans toutes ces incrustations, à qui leur ton jaune sur le fond sombre du bois donne un air de peinture de vase étrusque bien justifiée par la franchise et l'accent primitif du trait. Ces dessins, où perce le génie païen de la renaissance, n'ont aucun rapport avec la destination des stalles, et quelquefois même le choix du sujet laisse voir un entier oubli de la sainteté du lieu. Ce sont des enfans qui jouent avec des masques, des femmes qui dansent, des gladiateurs qui luttent, des paysans en vendange, des jeunes filles tourmentant ou caressant un monstre fantastique, des animaux pinçant de la harpe, et même de petits garçons imitant dans la vasque d'une fontaine le fameux Mannekin-piss de Bruxelles. Avec un peu plus de *sveltesse* dans les proportions, ces figures vaudraient les plus purs étrusques : — unité dans l'aspect et variété infinie dans le détail, voilà le difficile problème que les artistes du moyen-âge ont presque toujours résolu avec bonheur. A cinq ou six pas, cette menuiserie, si folle d'exécution, est grave, solennelle, architecturale, brune de ton, et tout-à-fait digne de servir d'encadrement aux pâles et austères visages des chanoines.

La chapelle du connétable, *Capilla del condestable*, est à elle seule une église complète ; le tombeau de don Pedro Fernandez Velasco, connétable de Castille, et celui de sa femme, en occupent le milieu et n'en sont pas le moindre ornement : ces tombes sont de marbre blanc et d'un travail magnifique. L'homme est couché dans son armure de guerre enrichie d'arabesques du meilleur style, dont les sacristains lèvent avec du papier mouillé des empreintes qu'ils vendent aux voyageurs ; la femme a son petit chien à côté d'elle, ses gants et les ramages de sa robe de brocard sont rendus avec une finesse inouïe. Les têtes des deux époux reposent sur des coussins de marbre, ornés de leur couronne et leurs armoiries : des blasons gigantesques décorent les murailles de cette chapelle, et sur l'entablement sont placées des figures portant des hampes de pierre pour soutenir des bannières et des étendards. Le *retablo* (l'on appelle ainsi les façades architecturales qui accompagnent les autels) est sculpté, doré, peint, entremêlé d'arabesques et de colonnes, et représente la circoncision de Jésus-Christ, figures de grandeur naturelle. A droite, du côté où est le portrait de doña Mencia de Mendoza, comtesse de Haro, se trouve un petit autel gothique enluminé, doré, ciselé, enjolivé d'une infinité de figurines que l'on croirait d'Antonin Moine, tant elles sont légères et spirituellement tournées : sur cet autel il y a un Christ en jais. — Le grand autel est orné de lames d'argent et de soleils de cristal, dont les reflets miroitans forment des jeux de lumière d'un éclat singulier. A la voûte s'épanouit une rose de sculpture d'une délicatesse incroyable.

Dans la sacristie qui est auprès de la cha-

pelle, on voit enchâssée au milieu de la boiserie une Madeleine que l'on attribue à Léonard
de Vinci : la douceur des demi-teintes brunes
et fondues avec le clair par des dégradations
insensibles, la légèreté de touche des cheveux
et la rondeur parfaite des bras, rendent cette
supposition tout-à-fait vraisemblable. On conserve aussi dans cette chapelle le diptyque en
ivoire que le connétable emportait à l'armée et
devant lequel il faisait sa prière. La *Capilla del
condéstable* appartient au duc de Frias. Jetez
en passant un regard sur cette statue de saint
Bruno en bois colorié, qui est de Pereida,
sculpteur portugais, et sur cette épitaphe qui
est celle de Villegas, traducteur du Dante.

Un grand escalier du plus beau dessin, avec
de magnifiques chimères sculptées, nous tint
quelques minutes en admiration. J'ignore où
il conduit et sur quelle salle s'ouvre la petite
porte qui le termine ; mais il est digne du palais le plus éblouissant. Le grand autel de la
chapelle du duc d'Abrantès est une des plus
singulières imaginations que l'on puisse voir ;
il représente l'arbre généalogique de Jésus-

Christ. Voici comme cette bizarre idée est rendue : le patriarche Abraham est couché au bas de la composition, et dans sa féconde poitrine plongent les racines chevelues d'un arbre immense dont chaque rameau porte un aïeul de Jésus, et se subdivise en autant de branches qu'il y a de descendans. Le faîte est occupé par la sainte Vierge, sur un trône de nuages ; le soleil, la lune et les étoiles, argentés et dorés, scintillent à travers les efflorescences des rameaux. Ce qu'il a fallu de patience pour découper toutes ces feuilles, fouiller ces plis, évider ces branches, détacher du fond tous ces personnages, on n'ose y songer qu'avec effroi. Ce *retablo*, ainsi travaillé, est grand comme une façade de maison, et s'élève pour le moins à trente pieds de haut, en y comprenant les trois étages, dont le second renferme un Couronnement de la Vierge, et le dernier un Crucifiement, avec saint Jean et la Vierge. L'artiste est Rodrigo del Haya, sculpteur qui vivait dans le milieu du seizième siècle.

La chapelle de sainte Thècle est tout ce qu'on peut imaginer de plus étrange. L'archi-

tecte et le sculpteur semblent s'être donné pour
but le plus d'ornemens possible dans le moins
d'espace possible ; ils y ont parfaitement réussi,
et je défierais l'ornemaniste le plus industrieux
de trouver dans toute la chapelle la place d'une
seule rosace ou d'un seul fleuron. C'est le mauvais goût le plus riche, le plus adorable et le
plus charmant : ce ne sont que colonnes torses
entourées de ceps de vigne, volutes enroulées
à l'infini, collerettes de chérubins cravatés d'ailes, gros bouillons de nuages, flammes de cassolettes en coup de vent, rayons ouverts en
éventail, chicorées épanouies et touffues, tout
cela doré et peint de couleurs naturelles, avec
des pinceaux de miniature. Les ramages des
draperies sont exécutés fil par fil, point par
point, et d'une effrayante minutie. La sainte,
environnée par les flammes du bûcher, dont
l'ardeur est excitée par des Sarrasins en costumes extravagans, lève vers le ciel ses beaux
yeux d'émail, et tient dans sa petite main
couleur de chair un grand rameau bénit, frisé
à l'espagnole. Les voûtes sont travaillées dans
le même goût. D'autres autels d'une moindre

dimension, mais d'une égale richesse, occupent le reste de la chapelle : ce n'est plus la finesse gothique, ni le goût charmant de la renaissance ; la richesse est substituée à la pureté des lignes ; mais c'est encore très beau, comme toute chose excessive et complète dans son genre.

Les orgues, d'une grandeur formidable, ont des batteries de tuyaux disposées sur un plan transversal, comme des canons pointés, d'un effet menaçant et belliqueux. Les chapelles particulières ont chacune leur orgue, mais plus petit. Dans le *retablo* d'une de ces chapelles nous vîmes une peinture d'une telle beauté, que je ne sais à quel maître l'attribuer, si ce n'est à Michel-Ange ; les caractères irrécusables de l'école florentine à sa plus belle époque, brillent victorieusement dans ce magnifique tableau, qui serait la perle du plus splendide musée. Cependant Michel-Ange ne peignit presque jamais à l'huile, et ses tableaux sont d'une rareté fabuleuse ; je croirais volontiers que c'est une composition peinte par Sébastien del Piombo, d'après un carton et sur un trait de ce sublime artiste. On sait que, jaloux du succès de Raphaël, Michel-Ange employa quelquefois Sébastien del Piombo, pour réunir la couleur au dessin et dépasser son jeune rival. Quoi qu'il en soit, c'est un tableau admirable; la sainte Vierge assise et noblement drapée, voile avec une écharpe transparente la divine nudité du petit Jésus, debout à côté d'elle. Deux anges en contemplation nagent silencieusement dans l'outre-mer du ciel; au fond l'on aperçoit un paysage sévère, des roches, des terrains et quelques pans de murs. La tête de la Vierge est d'une majesté, d'un calme et d'une puissance dont on ne peut donner l'idée avec des mots. Le cou est attaché aux épaules par des lignes si pures, si chastes et si nobles, la figure respire une si douce quiétude maternelle, les mains sont tournées si divinement, les pieds ont une telle élégance et un si grand style, qu'on ne peut détacher les yeux de cette peinture. Ajoutez à ce merveilleux dessin une couleur simple, solide, soutenue de ton, sans faux brillans, sans petites recherches de clair-obscur, avec un certain aspect de fresque qui s'harmonise parfaitement au ton de l'architecture, et vous aurez un chef-d'œuvre dont vous ne pourrez trouver l'équivalent que dans l'école florentine ou l'école romaine.

Il y a aussi, dans la cathédrale de Burgos, une *Sainte Famille* sans nom d'auteur, que je soupçonne fort d'être d'André del Sarte, et des tableaux gothiques sur bois de Cornelis van Eick, dont les pareils se trouvent dans la galerie de Dresde : les tableaux de l'école allemande ne sont pas rares en Espagne, et quelques uns sont d'une grande beauté. Nous mentionnerons, en passant, quelques tableaux de Fr. Diego de Leyva, qui se fit chartreux à la *cartuja* de Miraflores à l'âge de cinquante-trois ans, entre autres celui qui représente le martyre de sainte Casilda, à qui le bourreau a coupé les deux seins; le sang jaillit à gros bouillons de deux plaques rouges laissées sur la poitrine par la chair amputée; les deux demi-globes gisent à côté de la sainte, qui regarde, avec une expression d'extase fiévreuse et convulsive, un grand ange à figure rêveuse et mélancolique qui lui apporte une palme : ces

effrayans tableaux de martyres sont très nombreux en Espagne, où l'amour du réalisme
et de la vérité dans l'art est poussé aux dernières limites. Le peintre ne vous fera pas
grâce d'une seule goutte de sang ; il faut qu'on
voie les nerfs coupés qui se retirent, les chairs
vives qui tressaillent, et dont la sombre pourpre contraste avec la blancheur exsanguine et
bleuâtre de la peau, les vertèbres tranchées par
le cimeterre du bourreau, les marques violettes imprimées par les verges et les fouets
des tourmenteurs, les plaies béantes qui vo-
missent l'eau et le sang par leur bouche livide :
tout est rendu avec une épouvantable vérité.
Ribera a peint, dans ce genre, des choses à
faire reculer d'horreur *el verdugo* lui-même,
et il faut réellement l'affreuse beauté et l'énergie diabolique qui caractérisent ce grand maître pour supporter cette féroce peinture d'é-
corcherie et d'abattoir, qui semble avoir été
faite pour des cannibales par un valet de bourreau. Il y a vraiment de quoi dégoûter d'être
martyr, et l'ange avec sa palme paraît une
faible compensation pour de si atroces tour-

mens. Encore Ribera refuse-t-il bien souvent
cette consolation à ses torturés, qu'il laisse se
tordre comme des tronçons de serpent dans
une ombre fauve et menaçante que nul rayon
divin n'illumine.

Le besoin du vrai, si repoussant qu'il soit,
est un trait caractéristique de l'art espagnol :
l'idéal et la convention ne sont pas dans le génie de ce peuple, dénué complètement d'esté-
tique; la sculpture n'est pas suffisante pour lui :
il lui faut des statues coloriées, des madones
fardées et revêtues d'habits véritables; jamais,
à son gré, l'illusion matérielle n'est portée assez loin, et cet amour effréné du réalisme lui
fait souvent franchir le pas qui sépare la sta-
tuaire du cabinet de figures de cire de Cur-
tius.

Le célèbre Christ si révéré de Burgos, que
l'on ne peut faire voir qu'après avoir allumé
les cierges, est un exemple frappant de ce goût
bizarre : ce n'est plus de la pierre ni du bois
enluminé, c'est une peau humaine (on le dit du
moins), rembourrée avec beaucoup d'art et de
soin. Les cheveux sont de véritables cheveux,

les yeux ont des cils, la couronne d'épines est
en vraie ronce, aucun détail n'est oublié. Rien
n'est plus lugubre et plus inquiétant à voir que
ce long fantôme crucifié, avec son faux air de
vie et son immobilité morte ; la peau, d'un ton
rance et bistré, est rayée de longs filets de
sang si bien imités que l'on croirait qu'ils ruissellent effectivement. Il ne faut pas un grand
effort d'imagination pour ajouter foi à la légende qui raconte que ce crucifix miraculeux
saigne tous les vendredis.

Au lieu d'une draperie enroulée et volante,
le Christ de Burgos porte un jupon blanc brodé
d'or qui lui descend de la ceinture aux genoux ;
cet ajustement produit un effet singulier, surtout pour nous qui ne sommes pas habitués à
voir Notre-Seigneur ainsi costumé. Au bas de
la croix sont enchâssés trois œufs d'autruche,
ornement symbolique dont le sens m'échappe,
à moins que ce ne soit une allusion à la Trinité,
principe et germe de tout.

Nous sortîmes de la cathédrale, éblouis, écra-
sés, saouls de chefs-d'œuvre et n'en pouvant
plus d'admiration, et nous eûmes tout au plus

la force de jeter un coup d'œil distrait sur l'arc de Fernand Gonzalès, essai d'architecture classique tenté au commencement de la renaissance par Philippe de Bourgogne. On nous fit voir aussi la maison du Cid : quand je dis la maison du Cid, je m'exprime mal, mais la place où elle a pu être : c'est un carré de terrain entouré de bornes; il ne reste pas le moindre vestige qui puisse autoriser cette croyance, mais rien aussi ne prouve le contraire, et, dans ce cas, il n'y a aucun inconvénient à s'en rapporter à la tradition; — la maison du Cordon, ainsi nommée des lacs qui s'enroulent autour des portes, encadrent les fenêtres et se jouent à travers les architectures, mérite d'être examinée; elle sert d'habitation au chef politique de la province, et nous y rencontrâmes quelques alcades des environs dont la physionomie eût paru suspecte au coin d'un bois, et qui auraient bien fait de se demander leurs papiers à eux-mêmes avant de se laisser circuler librement.

La porte Sainte-Marie, élevée en l'honneur de Charles-Quint, est un remarquable morceau d'architecture. Les statues placées dans les niches, quoique courtes et trapues, ont un caractère de force et de puissance qui rachète bien leur défaut de sveltesse; il est dommage que cette superbe porte triomphale soit obstruée et déshonorée par je ne sais quelles murailles de plâtre élevées là sous prétexte de fortification, et qu'il serait urgent de jeter par terre. Près de cette porte se trouve la promenade qui longe l'Arlençon, rivière très respectable, de deux pieds de profondeur pour le moins, ce qui est beaucoup pour l'Espagne. Cette promenade est ornée de quatre statues représentant quatre rois ou comtes de Castille, d'une assez belle tournure, savoir : don Fernand Gonzalès, don Alonzo, don Enrique II et don Fernando Ier. Voilà à peu près tout ce qui mérite d'être vu à Burgos. Le théâtre est encore plus sauvage que celui de Vittoria. On y jouait ce soir là une pièce en vers : el Zapatero y el Rey (*le Savetier et le Roi*) de Zorilla, jeune écrivain très distingué, fort en vogue à Madrid, et qui a déjà publié sept volumes de vers dont on vante le style et l'harmonie ; toutes les places étaient retenues d'avance, il fallut nous priver de ce plaisir et attendre au lendemain la représentation des *Trois Sultanes*, entre-mêlée de chant et de danses turques d'une bouffonnerie transcendante. Les acteurs ne savaient pas un mot de leur rôle, et le souffleur criait leur rôle à tue-tête, de façon à couvrir leur voix. A propos du souffleur, il est protégé par une carapace de ferblanc arrondie en voûte de four contre les *patatas, manzanas* et *cascaras de natranja,* pommes de terre, pommes et pelures d'orange dont le public espagnol, public impatient s'il en fût, ne manque pas de bombarder les acteurs qui lui déplaisent. Chacun emporte sa provision de projectiles dans ses poches. Si les acteurs ont bien joué, les légumes retournent à la marmite et vont grossir le *puchero.*

Un instant nous crûmes avoir trouvé le vrai type espagnol féminin dans une des trois sultanes : grands sourcils noirs arqués, nez mince, ovale allongé, lèvres rouges ; mais un voisin officieux nous apprit que c'était une jeune Française.

Avant de partir de Burgos, **nous allâmes** faire une visite à la Cartuja de Miraflores, située à une demi-lieue de la ville. On a permis à quelques pauvres vieux moines infirmes de rester dans cette Chartreuse pour y attendre leur mort. L'Espagne a beaucoup perdu de son caractère pittoresque à la suppression des moines, et je ne vois pas ce qu'elle y a gagné sous d'autres rapports. D'admirables édifices dont la perte sera irréparable, et qui avaient été conservés jusqu'alors dans l'intégrité la plus minutieuse, vont se dégrader, s'écrouler, et ajouter leurs ruines aux ruines déjà si fréquentes dans ce malheureux pays, des richesses inouies en statues, en tableaux, en objets d'art de toute sorte, se perdront sans profiter à personne. On pouvait imiter, ce me semble, notre révolution par un autre côté que par son stupide vandalisme. Égorgez-vous entre vous pour les idées que vous croyez avoir, engraissez de vos corps les maigres champs ravagés par la guerre, c'est bien ; mais la pierre, le marbre et le bronze touchés par le génie sont sacrés, épargnez-les. Dans deux mille ans on

aura oublié vos discordes civiles, et l'avenir
ne saura que vous avez été un grand peuple
que par quelques merveilleux fragmens re-
trouvés dans les fouilles.

La Cartuja est située sur le haut d'une colline ; l'extérieur en est austère et simple : murailles de pierres grises, toit de tuiles ; tout
pour la pensée, rien pour les yeux. A l'intérieur, ce sont de longs cloîtres frais et silencieux, blanchis à la chaux vive, des portes de
cellules, des fenêtres à mailles de plomb dans
lesquelles sont enchâssés quelques sujets pieux
en verres de couleur, et particulièrement une
Ascension de Jésus-Christ d'une composition
singulière : le corps du Sauveur a déjà disparu ; on ne voit plus que ses pieds, dont les
empreintes sont restées en creux sur un rocher
entouré de saints personnages en admiration.

Une petite cour, au milieu de laquelle s'élève
une fontaine d'où filtre goutte à goutte une
eau diamantée, renferme le jardin du prieur.
Quelques brindilles de vigne égaient un peu
la tristesse des murailles ; quelques bouquets
de fleurs, quelques gerbes de plantes poussent

çà et là, un peu au hasard et dans un désordre pittoresque. Le prieur, vieillard à figure noble et mélancolique, accoutré de vêtemens ressemblant le plus possible à un froc (il n'est pas permis aux moines de garder leur costume), nous reçut avec beaucoup de politesse et nous fit asseoir autour du brasero, car il ne faisait pas très chaud, et nous offrit des cigarettes et des *azucarillos* avec de l'eau fraîche. Un livre était ouvert sur la table ; je me permis d'y jeter les yeux : c'était la *Bibliotheca cartuxiana*, recueil de tous les passages de différens auteurs faisant l'éloge de l'ordre et de la vie des chartreux. Les marges étaient annotées de sa main avec cette bonne vieille écriture de prêtre, droite, ferme, un peu grosse, qui dit tant de choses à la pensée, et qu'un mondain hâté et convulsif ne saurait avoir. Ainsi ce pauvre vieux moine, laissé là par pitié dans ce couvent abandonné, dont les voûtes vont bientôt s'écrouler sur sa fosse inconnue, rêvait encore la gloire de son ordre, et d'une main tremblante inscrivait sur les feuilles blanches du livre quelque passage oublié ou nouvellement recueilli.

Le cimetière est ombragé par deux ou trois
grands cyprès, comme il y en a dans les cime-
tières turcs : cet enclos funèbre contient quatre
cent dix-neuf chartreux morts depuis la construction du couvent ; une herbe épaisse et touffue couvre ce terrain où l'on ne voit ni tombe,
ni croix, ni inscription ; ils gisent là confusé-
ment, humbles dans la mort comme ils l'ont
été dans la vie ; ce cimetière anonyme a quelque chose de calme et de silencieux qui repose
l'ame ; une fontaine placée au centre, pleure
avec ses larmes limpides comme de l'argent
tous ces pauvres morts oubliés : je bus une gor-
gée de cette eau filtrée par les cendres de tant
de saints personnages ; elle était pure et glaciale comme la mort.

Mais si la demeure des hommes est pauvre,
celle de Dieu est riche. — Dans le milieu de la
nef sont placés les tombeaux de don Juan II et
de la reine Isabelle, sa femme. On s'étonne que
la patience humaine soit venue à bout d'une
pareille œuvre : seize lions, deux à chaque angle soutenant huit écussons aux armes royales,
leur servent de base. Ajoutez un nombre pro-

tionné de vertus, de figures allégoriques d'apôtres et d'évangélistes, faites serpenter à travers tout cela des rameaux, des feuillages, des oiseaux, des animaux, des lacs d'arabesques, et vous n'aurez encore qu'une bien faible idée de ce prodigieux travail. Les statues couronnées du roi et de la reine sont couchées sur le couvercle. Le roi tient son sceptre à la main, et porte une robe longue guillochée et ramagée avec une délicatesse inconcevable.

Le tombeau de l'infant Alonzo est du côté de de l'évangile. L'infant y est représenté à genoux devant un prie-dieu. Une vigne découpée à jours, où de petits enfans se suspendent et cueillent des raisins, festonne avec un intarissable caprice l'arc gothique qui encadre la composition à demi engagée dans le mur ; ces merveilleux monumens sont en albâtre et de la main de Gil de Siloé, qui fit aussi les sculptures du maître-autel ; à droite et à gauche de cet autel, qui est d'une rare beauté, sont ouvertes deux portes par où l'on aperçoit deux chartreux immobiles dans le suaire blanc de leur froc : ces deux figures, qui sont probable-

ment de Diego de Leyva, font illusion au premier coup d'œil. Des stalles de Berruguete
complètent cet ensemble qu'on s'étonne de rencontrer dans une campagne déserte.

Du haut de la colline, l'on nous fit apercevoir
dans le lointain San Pedro de Cardena , où se
trouve la tombe du Cid et de dona Chimène,
sa femme. — A propos de cette tombe, on raconte une anecdote bizarre que nous allons
rapporter, sans en garantir l'authenticité :

Pendant l'invasion des Français , le général
Thibaut eut l'idée de faire apporter les os du
Cid, de San Pedro de Cardena à Burgos, dans
l'intention de les placer dans un sarcophage
sur la promenade publique, afin d'inspirer à la
population des sentimens héroïques et chevaleresques par la présence de ces restes magna-
nimes. L'on ajoute que dans un accès d'enthousiasme guerrier, l'honorable général mit coucher près de lui les ossemens du héros, pour
se hausser le courage à ce glorieux contact,
précaution dont il n'avait aucunement besoin.
Ce projet ne s'exécuta pas, et le Cid retourna
près de dona Chimène, à San Pedro de Cardena,

où il est resté définitivement ; mais une de ses dents, qui était détachée, et que l'on avait serrée dans un tiroir, a disparu sans que l'on ait pu savoir ce qu'elle était devenue : il n'a manqué à la gloire du Cid, que d'être canonisé ; il l'aurait été si, avant de mourir, il n'avait pas eu l'idée arabo-hérétique et malsonnante de vouloir qu'on enterrât avec lui son fameux cheval Babieça : ce qui fit douter de son orthodoxie. — A propos du Cid, faisons observer à M. Casimir Delavigne que l'épée du héros s'appelle Tisona et non pas Tizonade, qui fait une rime trop riche à limonade. Tout ceci soit dit sans porter la moindre atteinte à la gloire du Cid qui, outre son mérite de héros, a eu celui d'inspirer si bien les poètes inconnus du romancero, Guilhen de Castro, Diamante et Pierre Corneille.

VI

El correo real dans lequel nous quittâmes
Burgos mérite une description particulière.
Figurez-vous une voiture antédiluvienne, dont
le modèle aboli ne peut se retrouver que dans
l'Espagne fossile ; des roues énormes, évasées,
à rayons très minces, et placées très en arrière
de la caisse peinte en rouge au temps d'Isa-

belle la Catholique; un coffre extravagant percé
de toutes sortes de fenêtres de formes contournées, et garni à l'intérieur de petits coussins
de satin qui avait pu être rose à une époque
reculée, le tout relevé de piqûres et d'agrémens en chenille, que rien n'empêchait d'avoir
été de plusieurs couleurs. Ce respectable carrosse était naïvement suspendu par des cordes,
et ficelé aux endroits menaçans avec des cordelettes de sparterie. On ajouta à cette machine
un file de mules d'une raisonnable longueur,
avec un assortiment de postillons et de *mayoral*
en veste d'agneau d'Astrakhan, et en pantalon,
de peau de mouton d'une apparence on ne
peut plus moscovite, et nous voilà partis au
milieu d'un tourbillon de cris, d'injures et de
coups de fouet. Nous allions un train d'enfer,
nous dévorions le terrain, et les vagues silhouettes des objets s'envolaient à droite et à
gauche avec une rapidité fantasmagorique. Je
n'ai jamais vu de mules plus emportées, plus
rétives et plus farouches; à chaque relais il fallait une armée de *muchachos* pour en accrocher
une à la voiture: ces diaboliques bêtes sortaient

de l'écurie debout sur leurs pieds de derrière,
et ce n'était qu'au moyen d'une grappe de postillons suspendus à leur licou qu'on parvenait
à les réduire à l'état de quadrupède. Je crois
que ce qui leur inspirait cette ardeur endia-
blée, était l'idée de la nourriture qui les attendait à la prochaine *venta*, car elles étaient
d'une maigreur effrayante. En partant d'un
petit village, elles se mirent à ruer, à sauter
si bien, que leurs jambes se prirent dans les
traits : alors ce fut un salmis de ruades, de
coups de bâton inimaginables; toute la file
tomba, et un malheureux postillon qui se trouvait en tête, monté sur un cheval qui probablement n'avait jamais été attelé, fut retiré de
dessous ce monceau, presque aplati et rendant
le sang par le nez. Sa maîtresse qui assistait
au départ, poussait des cris à fendre l'ame,
et tels que je n'aurais cru qu'il en pût sortir
d'une poitrine humaine. Enfin on parvint à dé-
brouiller les cordes, à remettre les mules sur
leurs pieds ; un autre postillon prit la place du
blessé, et l'on se mit en route avec une vélocité
sans pareille. Le pays que nous traversions avait

un aspect d'une sauvagerie étrange : c'étaient de grandes plaines arides, sans un seul arbre qui en rompit l'uniformité, terminées par des montagnes et des collines d'un jaune d'ocre que l'éloignement pouvait à peine azurer. De temps à autre nous traversions des villages terreux, bâtis en pisé, la plupart en ruine. — Comme c'était le dimanche, le long de ces murailles jaunâtres éclairées d'un pâle rayon, se tenaient debout, immobiles comme des momies, des rangs de Castillans hautains drapés dans leurs guenilles d'amadou, en train de *tomar el sol*, récréation qui ferait mourir d'ennui au bout d'une heure l'Allemand le plus phlegmatique. Cependant cette jouissance tout espagnole était ce jour-là fort excusable, car il faisait un froid atroce ; un vent furieux balayait la plaine avec un bruit de tonnerre et de chariots pleins d'armures roulant sur des voûtes d'airain. Je ne crois pas que dans les kraals des Hottentots et dans les campemens des Kalmouks on puisse rencontrer rien de plus sauvage, de plus barbare et de plus primitif. Profitant d'une halte, j'entrai dans une de ces huttes : c'était

un taudis sans fenêtre, avec un foyer de pierres
brutes placé au centre, et un trou dans le toit
pour laisser sortir la fumée ; les murs étaient
bistrés d'un bitume digne de Rembrandt.

On dîna à Torquemada, *pueblo* situé sur
une petite rivière encombrée par d'anciennes
fortifications en ruine. Torquemada est remarquable par l'absence complète de vitres :
il n'y a de carreaux qu'au *parador* qui, malgré
ce luxe inoui, n'en a pas moins une cuisine
avec un trou dans le plafond. Après avoir avalé
quelques *garbanzos* qui sonnaient dans nos
ventres comme des grains de plomb dans des
tambours de basques, nous rentrâmes dans
notre boîte, et la course au clocher recom-
mença. Cette voiture après ces mules était
comme une casserole attachée à la queue d'un
tigre : le bruit qu'elle faisait les excitait encore
davantage. Un feu de paille allumé au milieu
de la route faillit leur faire prendre le mors
aux dents. Elles étaient si ombrageuses qu'il
fallait les tenir par la bride et leur mettre la
main sur les yeux lorsqu'une autre voiture
venait en sens inverse. Règle générale, lors-

que deux voitures traînées par des mules se rencontrent, l'une des deux doit verser. Enfin, ce qui devait arriver, arriva. J'étais en train de retourner dans ma tête je ne sais quel lambeau d'hémistiche, comme c'est mon habitude en voyage, lorsque je vis venir de mon côté, décrivant une rapide parabole, mon camarade qui était assis en face de moi ; cette action bizarre fut suivie d'un choc très rude et d'un craquement général : — Es-tu mort ? me demanda mon ami en achevant sa courbe. — Au contraire, répondis-je ; et toi ? — Très peu, me répondit-il. Et nous sortîmes au plus vite par le toit défoncé de la pauvre voiture qui était brisée en mille pièces ; nous vîmes avec une satisfaction infinie à quinze pas dans un champ la boîte de notre daguerréotype aussi pure, aussi intacte, que si elle eût été encore dans la boutique de Susse, occupée à faire des vues de la colonnade de la Bourse. Quant aux mules, elles s'étaient envolées, et avaient emporté à tous les diables le train de devant et les deux petites roues ; notre perte se monta à un bouton qui sauta dans la violence du choc et ne put être retrouvé. Il est vraiment impossible de verser plus admirablement.

Une des choses les plus bouffonnes que j'aie vues, c'est le mayoral se lamentant sur les débris de sa carriole ; il en rajustait les morceaux comme un enfant qui vient de casser un verre, et voyant que le mal était irréparable, il éclatait en affreux juremens, trépignait, se donnait des coups de poing, se roulait par terre, imitant les excès des douleurs antiques, ou bien il s'attendrissait et se livrait aux plus touchantes élégies. Ce qui l'affligeait, surtout, c'était le sort des coussins roses gisant çà et là , déchirés et souillés de poussière ; ces coussins étaient ce que son imagination de mayoral pouvait concevoir de plus magnifique, et son cœur saignait de voir tant de splendeur évanouie.

Notre position n'était pas autrement gaie, quoique nous fussions attaqués d'un accès de fou-rire assez intempestif. Nos mules s'étaient évanouies en fumée, et nous n'avions plus qu'une voiture démantelée et sans roues. Heureusement la venta n'était pas loin. On alla chercher deux *galères*, qui nous recueillirent, nous et notre bagage. La galère justifie parfaitement son nom : c'est une charrette à deux ou quatre roues, qui n'a ni fond ni plancher ; un lacis de cordes de roseaux forme, dans la partie inférieure, une espèce de filet où l'on place les malles et les paquets. Là-dessus on étend un matelas, un pur matelas espagnol, qui ne vous empêche en aucune façon de sentir les angles du bagage entassé au hasard. Les patiens se groupent comme ils peuvent sur ce chevalet d'une nouvelle espèce, auprès duquel les grils de saint Laurent et de Guatimozin sont des lits de roses, car il était du moins possible de s'y retourner. Que diraient les philanthropes qui font voyager les *forçats* en chaises de poste, en voyant les *galères* où sont condamnés les gens les plus innocens du monde, lorsqu'ils vont visiter l'Espagne ?

Dans cet agréable véhicule privé de toute espèce de ressorts, nous faisions quatre lieues d'Espagne à l'heure, c'est-à-dire cinq lieues de France, une lieue de plus que les malles-postes les mieux servies sur la plus belle route ; pour aller plus vite, il aurait fallu des chevaux anglais, de course ou de chasse, et la route que nous suivions était coupée de montées très rudes et de pentes rapides toujours descendues au triple galop : il faut toute l'assurance et toute l'adresse des postillons et des conducteurs espagnols pour ne pas s'aller briser en cinquante mille morceaux au fond des précipices : au lieu de verser une fois, nous aurions dû toujours verser.

Nous étions secoués comme ces souris que l'on ballotte pour les étourdir et les tuer contre les parois de la souricière, et il fallait toute la sévère beauté du paysage pour ne pas nous laisser aller à la mélancolie et à la courbature ; mais ces belles collines aux lignes austères, à la couleur sobre et calme donnaient tant de caractère à l'horizon sans cesse renouvelé, que les cahots de la galère étaient compensés, et au-delà. Un village, un ancien couvent bâti en forteresse, variaient ces sites d'une simplicité orientale qui rappelaient les lointains du Joseph vendu par ses frères, de Decamps.

Dueñas, situé sur une colline, a l'air d'un cimetière turc ; les caves creusées dans le roc

vif, reçoivent l'air par de petites tourelles évasées en turban, qui ont un faux air de minaret
très singulier. Une église de tournure moresque complète l'illusion. — A gauche, dans la
la plaine, le canal de Castille fait apparition de
temps à autre ; ce canal n'est pas encore terminé.

A Venta de Trigueros, l'on attela à notre galère un cheval *rose* d'une singulière beauté (l'on
avait renoncé aux mules), qui justifiait pleinement le cheval tant critiqué du triomphe de Trajan , d'Eugène Delacroix. Le génie a toujours
raison ; ce qu'il invente existe , et la nature
l'imite presque dans ses plus excentriques fantaisies. Après avoir franchi une route flanquée
de remblais et de contreforts en arcade d'un caractère assez monumental, nous entrâmes enfin dans Valladolid , légèrement moulus, mais
avec notre nez intact et nos bras tenant encore
à notre buste sans épingles noires, comme les
bras d'une poupée neuve. Je ne parle pas des
jambes, où l'engourdissement avait piqué toutes les aiguilles de l'Angleterre, et où grouillaient les pattes de cent mille fourmis invisibles;

Nous descendîmes à un superbe *parador*, d'une propreté parfaite, où l'on nous donna deux belles chambres avec un balcon ouvrant sur une place, des tapis de nattes coloriées, et des murailles peintes à la détrempe, en jaune et en vert pomme. Jusqu'à présent rien n'a justifié pour nous les reproches de malpropreté et de dénûment que font tous les voyageurs aux auberges espagnoles; nous n'avons pas encore trouvé de scorpions dans notre lit, et les insectes promis ne paraissent pas.

Valladolid est une grande ville presque entièrement dépeuplée; elle peut contenir deux cent mille ames, et n'a guère que vingt mille habitans. C'est une ville propre, calme, élégante, et se ressentant déjà des approches de l'Orient. La façade de San Pablo est couverte du haut en bas de sculptures merveilleuses du commencement de la renaissance. Devant le portail sont rangés en manière de bornes des piliers de granit surmontés de lions héraldiques, tenant dans toutes les positions possibles l'écusson des armes de Castille. Vis-à-vis se trouve un palais du temps de Charles-Quint,

avec une cour en arcades d'une extrême élégance et des médaillons sculptés d'une rare
beauté. La régie débite dans cette perle d'architecture son ignoble sel et son affreux tabac.
Par un hasard heureux, la façade de San Pablo
est située sur une place, et l'on peut en prendre
la vue au daguerréotype, ce qui est très difficile pour les édifices du moyen-âge, presque toujours enchâssés dans des tas de maisons et
d'échoppes abominables ; mais la pluie qui ne
cessa de tomber pendant le temps que nous
restâmes à Valladolid ne nous permit pas d'en
prendre une épreuve. Vingt minutes de soleil
à travers les ondées de pluie de Burgos, nous
avaient permis de reproduire les deux flèches
de la cathédrale avec un grand morceau du
portail d'une manière très nette et très dis-
tincte ; mais à Valladolid, nous n'eûmes pas
même les vingt minutes, ce que nous regret-
tâmes d'autant plus que la ville abonde en
charmantes architectures. Le bâtiment où se
trouve la bibliothèque, dont on veut faire un
musée, est du goût le plus pur et le plus délicieux ; bien que quelques uns de ces restaura-

teurs ingénieux qui préfèrent les planches aux bas-reliefs, aient honteusement gratté ses admirables arabesques, il en reste encore assez pour en faire un chef-d'œuvre d'élégance. Nous signalerons aux dessinateurs un balcon intérieur qui échancre l'angle d'un palais sur cette même place de San Pablo, et forme un *mirador* d'un goût tout-à-fait original. La colonnette qui réunit les deux arcs est d'une coupe très heureuse. C'est dans cette maison, à ce qu'on nous a dit, qu'est né le terrible Philippe II. Mentionnons aussi un colossal fragment de cathédrale inachevée en granit, par Herrera, dans le genre de Saint-Pierre de Rome; mais cette construction fut abandonnée pour l'Escurial, cette lugubre fantaisie du triste fils de Charles-Quint.

On nous fit voir dans une église fermée une collection de tableaux provenant de la suppression des couvens, et réunis là par ordre supérieur ; cette collection prouve que les gens qui ont pillé les églises et les couvens sont d'excellens artistes et d'admirables connaisseurs, car ils n'ont laissé que d'horribles croûtes dont la meilleure ne se vendrait pas quinze francs chez un marchand de bric-à-brac. Au Musée il y a quelques tableaux passables, mais rien de supérieur ; en revanche, force sculptures sur bois et force Christs d'ivoire, plutôt remarquables par la grandeur de leurs proportions et leur antiquité, que par la beauté réelle du travail. Au reste, les gens qui vont en Espagne pour acheter des curiosités sont fort désappointés : pas une arme précieuse, pas une édition rare, pas un manuscrit, rien.

La plaza de la Constitucion de Valladolid est fort belle et fort vaste ; elle est entourée de maisons soutenues par de grandes colonnes de granit bleuâtre d'une seule pièce et d'un bel effet. Le palais de la Constitucion, peint en vert pomme, est orné d'une inscription en l'honneur de l'*innocente Isabelle*, comme on appelle ici la petite reine, et d'un cadran éclairé la nuit comme celui de l'Hôtel-de-Ville de Paris, innovation qui paraît beaucoup réjouir les habitans. Sous les piliers sont établis des multitudes de tailleurs, de chapeliers et de cordonniers, les trois états les plus florissans en Espagne ; c'est là que sont les principaux cafés, et tout le mouvement de la population semble se concentrer sur ce point. Dans le reste de la ville, à peine rencontrez-vous un rare passant, une *criada* qui va chercher de l'eau , ou un paysan qui chasse son âne devant lui. Cet effet de solitude est encore augmenté par la grande surface qu'occupe cette ville où les places sont plus nombreuses que les rues. — Le *Campo grande*, à côté de la grande porte, est entouré de quinze couvens, et il pourrait y en tenir encore plus.

On donnait ce soir-là au théâtre une pièce de M. Breton de Los Herreros, poète dramatique très estimé en Espagne. Cette pièce portait le titre assez bizarre *El Pelo de la Desa*, qui signifie littéralement *le Poil du Pâturage*, expression proverbiale assez difficile à faire comprendre, mais qui répond à notre dicton « la caque sent toujours le hareng. » Il s'agit d'un paysan aragonais qui doit épouser une fille bien née, et qui a le bon sens de reconnaitre qu'il ne pourra jamais devenir un homme du monde. Le comique de cette pièce consiste dans l'imitation parfaite du dialecte, de l'accent aragonais, mérite peu sensible pour des étrangers : *le Baile nacional*, sans être aussi *macabre* que celui de Vittoria, était encore très médiocre. Le lendemain, on jouait *Hernani* ou *l'Honneur castillan*, de Victor Hugo, traduit par don Eugenio de Ochoa; nous n'eûmes garde de manquer pareille fête : la pièce est rendue, vers pour vers, avec une exactitude scrupuleuse, à l'exception de quelques passages et de quelques scènes que l'on a dû retrancher pour satisfaire aux exigences du public. — La scène des portraits est réduite à rien, parce que les Espagnols la considèrent comme injurieuse pour eux, et s'y trouvent indirectement tournés en ridicule. Il y a aussi beaucoup de suppressions dans le cinquième acte. En général les Espagnols se fâchent lorsque l'on parle d'eux d'une manière poétique ; ils se prétendent calomniés par Hugo, par Mérimée, et par tous ceux en général qui ont écrit sur l'Espagne. Oui — calomniés, mais en beau : ils renient de toutes leurs forces l'Espagne du Romancero et des Orientales ; et une de leurs principales prétentions, c'est de n'être ni poétiques ni pittoresques, prétentions, hélas! trop bien justifiées. — Le drame a été très bien joué : le Ruy Gomez de Valladolid valait assurément celui de la rue de Richelieu, et ce n'est pas peu dire. Quant à l'Hernani, *rebelle empoisonné*, il aurait été très satifaisant sans la fantaisie lugubre qu'il avait eue de s'habiller en troubadour de pendule. La doña Sol était presque aussi *jeune* que mademoiselle Mars, et n'avait pas son talent.

Le théâtre de Valladolid est d'une coupe assez heureuse, et quoiqu'il ne soit décoré à l'intérieur que d'une simple couche de blanc avec des ornemens en grisaille, l'effet en est joli; le décorateur a eu l'idée bizarre de peindre sur les parois de l'avant-scène des fenêtres ornées de leurs rideaux de mousseline à petits pois fort bien imités. — Ces fenêtres en premières loges ont un aspect singulier : les balcons et les devantures des loges sont à jours avec des balustres évidés qui permettent de voir si les femmes ont le pied petit et sont bien chaussées, et même si leur cheville est fine et leurs bas bien tirés; ce qui n'a pas grand in-

convénient pour les femmes espagnoles, presque toujours irréprochables sous ce rapport.
— J'ai vu par un charmant feuilleton de mon
remplaçant littéraire (car *la Presse* pénètre jusque dans ces régions barbares), que les balcons
de galerie du nouvel Opéra-Comique étaient
construits dans ce système.

Au sortir de Valladolid, le paysage change
de caractère; les landes reparaissent, seulement elles ont de plus que celles de Bordeaux
des bouquets de chênes verts rabougris, et leurs
pins sont plus évasés et se rapprochent de la
forme de parasol. Du reste, même aridité, même
solitude, même aspect de désolation; çà et là
quelques tas de décombres décorés du nom
de villages brûlés et dévastés par les factieux,
où errent quelques rares habitans déguenillés
et de mine chétive. Comme pittoresque, il n'y
a que quelques jupons de femme : ces jupons
sont d'un jaune queue de serin très vif, égayé
de broderies de plusieurs nuances, représentant des oiseaux et des fleurs.

Olmedo, où l'on s'arrête pour dîner, est
complètement en ruine; des rues entières

sont désertes, d'autres obstruées par les maisons écroulées; l'herbe pousse dans les places. Comme dans ces villes maudites dont parle l'Écriture, il n'y aura bientôt plus à Olmedo d'autres habitans que la vipère à tête plate, le hibou myope, et le dragon du désert frottera les écailles de son ventre sur la pierre des autels. Une ceinture d'anciennes fortifications démantelées entoure la ville, et le lierre charitable habille de son manteau vert la nudité des tours éventrées et lézardées. De grands et beaux arbres bordent ces remparts. La nature tâche de réparer de son mieux les ravages du temps et de la guerre. La dépopulation de l'Espagne est effrayante : du temps des Maures elle comptait trente-deux millions d'habitans; maintenant elle en possède tout au plus dix ou onze. A moins d'un changement heureux qui n'est guère probable, ou d'une fécondité surnaturelle dans les mariages, des villes autrefois florissantes seront tout-à-fait abandonnées, et leurs ruines de briques et de pisé se fondront insensiblement dans la terre qui dévore tout, les cités et les hommes.

Dans la salle où nous dînions, une grosse femme, taillée en Cybèle, se promenait de long en large, portant sous son bras un panier oblong recouvert d'une étoffe, d'où sortaient de petits gémissemens plaintifs et flûtés, ressemblant assez à ceux d'un enfant en bas âge. Cela m'intriguait beaucoup, parce que la corbeille était si petite qu'elle ne pouvait assurément contenir qu'un enfant microscopique et phénoménal, un Lilliputien bon à montrer dans les foires. L'énigme ne tarda pas à s'expliquer : la nourrice (c'en était une) tira du panier un jeune chien café au lait, s'assit dans un coin, et donna fort gravement à téter à ce nourrisson d'un nouveau genre. C'était une *pasiega* qui se rendait à Madrid pour être nourrice sur place, et qui craignait de voir son lait tarir.

Le paysage, à partir d'Olmedo, n'offre pas grande variété : seulement je remarquai avant d'arriver à la couchée un admirable effet de soleil ; les rayons lumineux éclairaient en flanc une chaîne de montagnes très éloignées dont tous les détails ressortaient avec une netteté extraordinaire ; les côtés baignés d'ombre étaient presque invisibles ; le ciel avait des nuances de mine de saturne. Un peintre qui rendrait cet effet exactement serait accusé d'exagération et d'inexactitude ; cette fois la posada était beaucoup plus espagnole que celles que nous avions vues jusqu'alors : elle consistait en une immense écurie, entourée de chambres blanchies au lait de chaux, et contenant chacune quatre ou cinq lits : c'était misérable et nu, mais non malpropre ; la saleté caractéristique et proverbiale ne se faisait pas encore voir ; il y avait même, luxe inoui ! dans la salle à manger, une suite de gravures représentant les aventures de Télémaque, non pas les charmantes vignettes dont Célestin Nanteuil et son ami Baron illustrent l'histoire du maussade fils d'Ulysse, mais ces affreux barbouillages coloriés dont la rue Saint-Jacques inonde l'univers. On repartit à deux heures du matin, et quand les premières lueurs du jour me permirent de distinguer les objets, je vis un spectacle que je n'oublierai de ma ma vie : nous venions de relayer à un village appelé, je crois, Sainte-Marie des Neiges, et nous gravissions les croupes naissantes de la chaîne que nous devions traverser ; on aurait dit les ruines d'une ville cyclopéenne : d'immenses quartiers de grès affectant des formes architecturales se dressaient de toutes parts et découpaient sur le ciel des silhouettes de Babels fantastiques. Ici, une pierre plate tombée en travers sur deux autres roches simulait, à s'y méprendre, des *peulven* ou des *dolmen* druidiques ; plus loin, un suite de pitons en forme de fûts de colonnes représentaient des portiques et des propylées ; d'autres fois, ce n'était plus qu'un chaos, un océan de grès figé au moment de sa plus grande fureur ; le ton gris bleu de ces roches augmentait encore la singularité de la perspective : à chaque instant des interstices de la pierre jaillissaient en bruine vaporeuse ou filtraient en larmes de cristal des sources d'eau de roche, et, ce qui me ravit particulièrement, la neige fondue s'amassait dans les creux et formait de petits lacs bordés d'un gazon couleur d'émeraude ou enchâssés dans un cercle d'argent fait par la neige qui avait résisté à l'action du soleil. Des piliers élevés de loin en loin, qui servent à faire reconnaître la route lorsque la neige étend ses nappes perfides sur le bon chemin et sur les précipices, lui donnent quelque chose de monumental; les torrens écument et bruissent de toutes parts; la route les enjambe avec ces ponts de pierre sèche si fréquens en Espagne : on en rencontre à chaque pas.

Les montagnes s'élevaient de plus en plus; quand nous en avions franchi une, il s'en présentait une autre plus élevée que nous n'avions pas vue d'abord; les mules devinrent insuffisantes, et il fallut recourir aux bœufs : ce qui nous permit de descendre de voiture et de gravir à pied le reste de la Sierra. J'étais réellement enivré de cet air vif et pur; je me sentais si léger, si joyeux et si plein d'enthousiasme, que je poussais des cris et faisais des cabrioles comme un jeune chevreau; j'éprouvais l'envie de me jeter la tête la première dans tous ces charmans précipices si azurés, si vaporeux, si veloutés; j'aurais voulu me faire rouler par les cascades, tremper mes pieds dans toutes les sources, prendre une feuille à chaque pin, me vautrer dans la neige étincelante, me mêler à toute cette nature et me fondre comme un atome dans cette immensité.

Sous les rayons du soleil, les hautes cimes scintillaient et fourmillaient comme des basquines de danseuses sous leur pluie de paillettes d'argent ; d'autres avaient la tête engagée dans les nuages et se fondaient dans le ciel par des transitions insensibles, car rien ne ressemble à une montagne comme un nuage ; c'étaient des escarpemens, des ondulations, des tons et des formes dont aucun art ne peut donner l'idée, ni la plume, ni le pinceau ; les montagnes réalisent tout ce que l'on en rêve : ce qui n'est pas un mince éloge. Seulement on se les figure plus grandes ; leur énormité n'est sensible que par comparaison ; en regardant bien l'on s'aperçoit que ce qu'on prenait de loin pour un brin d'herbe est un pin de soixante pieds de haut.

Au tournant d'un pont fort propice pour une embuscade de brigands, nous vîmes une petite

colonne avec une croix : c'était le monument
d'un pauvre diable qui avait fini ses jours dans
cette gorge étroite, pour cause de *man ayrada*
(main irritée). De temps en temps nous rencon-
trions des *Marayates* en voyage avec leur costume du seizième siècle, justaucorps de cuir
serré par une boucle, larges grègues, chapeau à
grands bords, des *Valançais* avec leurs caleçons
de toile blanche qui ressemblent au jupon des
Klephtes, leur mouchoir noué autour de la tête,
leurs guêtres blanches bordées de bleu et sans
pied en façon de *knémis* antique, leur longue
pièce d'étoffe (*capa de muestra*) rayée transver-
salement de bandes de couleurs vives et posée
en draperie sur l'épaule d'une manière très élégante. Ce qu'on apercevait de leur peau était
fauve comme du bronze de Florence. Nous
vîmes aussi des convois de mules harnachées
dans le goût le plus charmant avec des grelots,
des franges et des couvertures bariolées, et
leurs *arrieros* armés de carabines. Nous étions
enchantés ; le pittoresque demandé se produisait en abondance.

A mesure que nous montions, les bandes de

neige devenaient plus épaisses et plus larges ; mais un rayon de soleil faisait ruisseler la montagne, comme une amante qui rit dans les pleurs ; de tous côtés filtraient de petits ruisseaux éparpillés comme des chevelures de naïades en désordre, et plus clairs que le diamant. A force de grimper, nous atteignîmes la crête supérieure, et nous nous assîmes sur le plinthe du socle d'un grand lion de granit qui marque au versant de la montagne les limites de la Vieille-Castille ; — au delà, c'est la Castille-Nouvelle.

La fantaisie de cueillir une délicieuse fleur rose dont j'ignore l'appellation botanique et qui croît dans les fentes du grès, nous fit monter sur une roche qu'on nous dit être l'endroit où s'asseyait Philippe II pour regarder à quel point en étaient les travaux de l'Escurial. — Ou la tradition est apocryphe, ou Philippe avait des yeux diablement bons.

La voiture qui rampait péniblement le long des pentes escarpées nous rejoignit enfin. L'on détela les bœufs et l'on descendit le versant au galop : l'on s'arrêta pour dîner à Guadarrama, petit village accroupi au pied de la montagne, qui n'a pour tout monument qu'une fontaine de granit érigée par Philippe II. A Guadarrama, par un renversement bizarre de l'ordre naturel des plats, on nous servit pour dessert une soupe au lait de chèvre.

Madrid est, comme Rome, entouré d'une campagne déserte, d'une aridité, d'une sécheresse et d'une désolation dont rien ne peut donner l'idée : pas un arbre, pas une goutte d'eau, pas une plante verte, pas une apparence d'humidité, rien que du sable jaune et des roches gris de fer. En s'éloignant de la montagne, ce ne sont plus même des roches, mais de grosses pierres ; — de loin en loin une *venta* poussiéreuse, un clocher couleur de liége qui montre son nez au bord de l'horizon, de grands bœufs à l'air mélancolique traînant de ces chariots dont nous avons déjà donné la description ; un paysan à cheval ou à mule, avec sa carabine à l'arçon, le sombrero sur les yeux et la mine farouche, ou bien encore de longues files d'ânes blanchâtres portant de la paille hachée, ficelée avec des résilles de cordelettes ; —

et c'est tout ; l'âne qui marche en tête, l'âne *colonel*, a toujours un petit plumet ou un pompon qui marque sa supériorité dans la hiérarchie de la gent à longues oreilles.

Au bout de quelques heures, que l'impatience d'arriver rendait plus longues encore, nous aperçûmes enfin Madrid assez distinctement. Quelques minutes après, nous entrions dans la capitale de l'Espagne, par la *puerta de Hierro* : la voiture suivit d'abord une avenue plantée d'arbres écimés et trapus, et cotoyée de tourelles de briques qui servent à élever l'eau. A propos d'eau, quoique cette transition ne soit pas heureuse, j'oubliais de vous dire que nous avions traversé le Manzanarès sur un pont digne d'une rivière plus sérieuse ; puis nous longeâmes le palais de la reine, qui est un de ces édifices que l'on est convenu d'appeler de bon goût. Les immenses terrasses qui l'exhaussent lui donnent une apparence assez grandiose.

Après avoir subi la visite de la douane, nous allâmes nous installer tout près de la calle d'Alcala et du Prado, calle del Caballero de

Gracia à *la fonda de la Amistad*, où logeait précisément madame Espartero, duchesse de la Victoire, et nous n'eûmes rien de plus pressé que d'envoyer Manuel, notre domestique de place, *aficionado* et tauromaquiste consommé, nous prendre des billets pour la prochaine course aux taureaux.

VII

Il fallait encore attendre deux jours. Jamais jours ne me semblèrent plus longs, et je relus plus de dix fois, pour tromper mon impatience, l'affiche apposée au coin des principales rues ; l'affiche promettait monts et merveilles ; huit taureaux des plus fameux pâturages : — Sevilla et Antonio Rodriguez ; *picadores*. — Juan Pastor, qu'on appelle aussi el Barbero, et Guillen ; *espadas* ; — le tout avec défense au public de jeter dans l'arène des écorces d'oranges et autres projectiles capables de nuire aux combattans.

On n'emploie guère en Espagne le mot *matador* pour désigner celui qui tue le taureau, on l'appelle *espada* (épée), ce qui est plus noble et a plus de caractère; l'on ne dit pas non plus *toreador*, mais bien *torero*. Je donne en passant cet utile renseignement à ceux qui font de la couleur locale dans les romances et dans les opéras comiques. La course se nomme *media corrida*, demi-course, parce qu'autrefois il y en avait deux tous les lundis, l'une le matin, l'autre à cinq heures du soir, ce qui faisait la course entière : la course du soir est seule conservée.

L'on a dit et répété de toutes parts que le goût des courses de taureaux se perdait en Espagne, et que la civilisation les ferait bientôt disparaître ; si la civilisation fait cela, ce sera tant pis pour elle, car une course de taureaux est un des plus beaux spectacles que l'homme puisse imaginer ; mais ce jour-là n'est pas encore arrivé, et les écrivains sensibles qui disent le contraire, n'ont qu'à se transporter un lundi, entre quatre à cinq heures, à la porte d'Alcala, pour se convaincre que le goût de ce *féroce* divertissement n'est pas encore près de se perdre.

Le lundi, jour de taureaux, *dia de toros*, est un jour férié ; personne ne travaille , toute la ville est en rumeur ; ceux qui n'ont pas encore pris leurs billets marchent à grands pas vers la *calle de Carretas*, où est situé le bureau de location, dans l'espoir de trouver quelque place vacante ; car, disposition qu'on ne saurait trop louer , cet énorme amphithéâtre est entièrement numéroté et divisé en stalles , usage que l'on devrait bien imiter dans les théâtres de France ; la *calle de Alcala*, qui est l'artère où viennent se dégorger les rues populeuses de la ville, est pleine de piétons, de cavaliers et de voitures ; c'est pour cette solennité que sortent de leurs remises poudreuses les calesines et les carrioles les plus baroques et les plus extravagantes, et que se produisent au jour les attelages les plus fantastiques, les mules les plus phénoménales ; les calesines rappellent les corricoli de Naples ; de grandes roues rouges, une caisse sans ressorts, ornée de peintures plus ou moins allégoriques, et doublée de vieux damas ou de serge passée avec des franges et des effilés de soie et par là dessus un certain air *rococo* de l'effet le plus amusant ; le conducteur est assis sur le brancard , d'où il peut haranguer et bâtonner sa mule tout à son aise, et laisse ainsi une place de plus à ses pratiques. La mule est enjolivée d'autant de plumets, de pompons, de houppes, de franges et de grelots qu'il est possible d'en accrocher aux harnais d'un quadrupède quelconque. Une calesine contient ordinairement une *manola* et son amie, avec son *manolo*, sans préjudice d'une grappe de *muchachos* pendue à l'arrière-train. Tout cela va comme le vent dans un tourbillon de cris et de poussière. Il y a aussi des carrosses à quatre à cinq mules dont on ne trouve plus les équivalens que dans les tableaux de Van der Meulen, représentant les conquêtes et les chasses de Louis XIV. Tous les véhicules sont mis à contribution, car le grand genre parmi les *manolas*, qui sont les grisettes de Madrid, est d'aller en calesine à la *plaza de Toros* ; elles mettent leur matelas en gage pour avoir de l'argent ce jour-là, et sans être précisément vertueuses le reste de la semaine, elles le sont à coup sûr beaucoup moins le dimanche et le lundi ; on voit aussi des gens de la campagne qui arrivent à cheval, la carabine à l'arçon de la selle ; d'autres sur des ânes, seuls ou avec leurs femmes : tout cela, sans compter les calèches des gens du grand monde, et une foule d'honnêtes citadins et de señoras en mantille qui se hâtent et pressent le pas : car voici le détachement de garde nationale à cheval qui s'avance, trompettes en tête, pour faire évacuer l'arène, et, pour rien au monde, on ne voudrait manquer l'évacuation de l'arène et la fuite précipitée de l'alguazil, quand il a jeté au garçon de combat la clef du *toril* où sont enfermés les gladiateurs à cornes. Le *toril* fait face au *matadero*, où l'on écorche les bêtes abattues. Les taureaux sont amenés de la veille et nuitamment dans un pré voisin de Madrid, que l'on nomme *el arroyo*, but de promenade pour les *aficionados* ; promenade qui n'est pas sans quelque danger, car les taureaux sont en liberté, et leurs conducteurs ont fort à faire de les garder ; ensuite on les fait entrer dans l'*encierro* (l'étable du cirque), au moyen de vieux bœufs habitués à cette fonction et que l'on mêle au troupeau farouche.

La *plaza de Toros* est située à main gauche en dehors de la porte d'Alcala qui, par parenthèse, est une assez belle porte, en manière d'arc de triomphe, avec des trophées et d'autres ornemens héroïques ; c'est un cirque énorme qui n'a rien de remarquable à l'extérieur et dont les murailles sont blanchies à la chaux : comme tout le monde a son billet pris d'avance, l'entrée s'effectue sans le moindre désordre. Chacun grimpe à sa place et s'asseoit suivant son numéro.

Voici la disposition intérieure. Autour de l'arêne, d'une grandeur vraiment romaine, règne une barrière circulaire en planches de six pieds de haut peinte en rouge sang de bœuf et garnie de chaque côté, à deux pieds de terre environ, d'un rebord en charpente où les *chulos* et les *banderillos* posent le pied pour sauter de l'autre côté lorsqu'ils sont trop vivement pressés par le taureau. Cette barrière s'appelle *las Tablas*. Elle est percée de quatre portes pour le service de la place, l'entrée des taureaux, l'enlèvement des cadavres, etc. Après cette barrière, il y en a une autre un peu plus élevée qui forme avec la première une espèce de couloir où se tiennent les *chulos* fatigués, le picador *sobre-saliente* (remplaçant), qui doit toujours être là tout habillé et tout caparaçonné au cas où son chef d'emploi serait blessé ou tué; le *cachetero* et quelques *aficionados* qui, à force de persévérance, parviennent, malgré les réglemens, à se glisser dans ce bienheureux couloir dont les entrées sont aussi recherchées en Espagne que celles des coulisses de l'Opéra peuvent l'être à Paris.

Comme il arrive souvent que le taureau exaspéré franchit la première barrière, la seconde est garnie en outre d'un réseau de cordes destinées à prévenir un autre élan; plusieurs charpentiers avec des haches et des marteaux se tiennent prêts à réparer les dommages qui peuvent en résulter pour les clôtures; en sorte que les accidens sont pour ainsi dire impossibles. Cependant, l'on a vu des taureaux de *mu-*

chas piernas (de beaucoup de jambes), comme on les appelle techniquement, franchir la seconde enceinte, comme en fait foi une gravure de la *Tauromaquia* de Goya, le célèbre auteur des Caprices, gravure qui représente la mort de l'alcade de Torrezon, misérablement embroché par un taureau sauteur.

A partir de cette seconde enceinte commencent les gradins destinés aux spectateurs : ceux qui sont près des cordes s'appellent places de *barrera*, ceux du milieu *tendido*, et les autres qui sont adossés au premier rang de la *grada cubierta*, prennent le nom de *tabloncillos*. Ces gradins, qui rappellent ceux des amphithéâtres de Rome, sont en granit bleuâtre, et n'ont d'autre toiture que le ciel. Immédiatement après, viennent les places couvertes *gradas cubiertas*, qui se divisent ainsi : *delantera*, places de devant; *centro*, places du milieu; et *tabloncillo*; places adossées. Par-dessus, s'élèvent les loges appelées *palcos* et *palcos por asientos*, au nombre de cent dix. Ces loges sont très grandes et peuvent contenir une vingtaine de personnes. Le *palco por asientos* offre cette différence avec le *palco* simple, qu'on y peut prendre une seule place, comme une stalle de balcon à l'Opéra. Les loges de la *reyna Gobernadora y de la innocente Isabel* sont décorées avec des draperies de soie et fermées par des rideaux. A côté se trouve la loge de l'*ayuntamiento* (municipalité), qui préside la place et doit résoudre les difficultés qui se présentent.

Le cirque, ainsi distribué, contient douze mille spectateurs, tous assis à l'aise et voyant parfaitement, chose indispensable dans un spectacle purement oculaire. Cette immense enceinte est toujours pleine, et ceux qui ne peuvent se procurer des places de *sombra* (places à l'ombre), aiment encore mieux cuire tout vifs sur les gradins au soleil, que de manquer une course. Il est de rigueur, pour les gens qui se piquent d'élégance, d'avoir leur loge aux Taureaux, comme à Paris, une loge aux Italiens.

Quand je débouchai du corridor pour m'asseoir à ma place, j'éprouvai une espèce d'éblouissement vertigineux. Des torrens de lumière inondaient le cirque, car le soleil est un lustre supérieur qui a l'avantage de ne pas répandre d'huile, et le gaz lui-même ne l'effacera pas de long-temps ; une immense rumeur flottait comme un brouillard de bruit au dessus de l'arène. Du côté du soleil palpitaient et scintillaient des milliers d'éventails et de petits parasols ronds emmanchés dans des baguettes de roseau ; on eût dit des essaims d'oiseaux de couleurs changeantes essayant de prendre leur vol : il n'y avait pas un seul vide. Je vous assure que c'est déjà un admirable *spectacle* que douze mille *spectateurs* dans un théâtre si vaste que Dieu seul peut en peindre le plafond avec le bleu splendide qu'il puise à l'urne de l'éternité.

La garde nationale à cheval, qui est fort bien montée et fort bien habillée, faisait le tour de l'arène, précédée de deux alguazils en costume, panaches et chapeau à la Henri IV, justaucorps et manteau noirs, bottes à l'écuyère, et chassait devant elle quelques *aficionados* obstinés et quelques chiens retardataires. L'arène demeurée vide, les deux alguazils allèrent chercher les *toreros*, se composant des *picadores*, des *chulos*, des *banderilleros* et de l'*espada*, principal acteur du drame, qui firent leur entrée au son d'une fanfare. Les *picadores* montaient des chevaux dont les yeux étaient bandés, parce que la vue du taureau pourrait les effrayer et les jeter dans des écarts dangereux. Leur costume est très pittoresque : il se compose d'une veste courte, qui ne se boutonne pas, de velours orange, incarnat, vert ou bleu, chargée de broderies d'or ou d'argent, de paillettes, de passequilles, de franges, de boutons en filigrane et d'agrémens de toutes sortes, surtout aux épaulettes où l'étoffe disparaît complétement sous un fouillis lumineux et phosphorescent d'arabesques entrelacés; d'un gilet dans le même style, d'une chemise à jabot, d'une cravate bariolée et nouée négligemment, d'une ceinture de soie et de pantalons de peau de buffle fauve rembourrés et garnis de tôle intérieurement, comme les bottes des postillons, pour défendre les jambes contre les coups de cornes du taureau; — un chapeau gris (*sombrero*) à bords énormes, à forme basse, enjolivé d'une énorme touffe de faveurs; une grosse bourse, ou cadogan, en rubans noirs, qui se nomme, je crois, *moño*, et qui réunit les cheveux derrière la tête, complètent l'ajustement. — Le *picador* a, pour arme, une lance ferrée d'une pointe de un ou deux pouces de longueur ; ce fer ne peut pas blesser le taureau dangereusement, mais suffit pour l'irriter et le contenir. Un pouce de peau adapté à la main du *picador* empêche la lance de glisser ; la selle est très haute par devant et par derrière, et ressemble aux harnais bardés d'acier où s'enchâssaient, pour les tournois, les chevaliers du moyen-âge ; les étriers sont en bois et forment sabots, comme les étriers turcs ; un long éperon de fer aigu, comme un poignard, arme le talon du cavalier — pour diriger des chevaux souvent à moitié morts, un éperon ordinaire ne suffirait pas.

Les *chulos* ont un air fort leste et fort galant avec leurs culottes courtes de satin, vertes, bleues ou roses, brodées d'argent sur toutes les coutures, leurs bas de soie couleur de chair ou blancs, leur veste historiée de dessins et de ramages, leur ceinture serrée et leur petite *montera* penchée coquettement vers l'oreille ; ils portent sur le bras un manteau d'étoffe (*capa*) qu'ils déroulent et font papillonner devant le taureau pour l'irriter, l'éblouir, ou lui donner le change; ce sont des jeunes gens bien découplés, minces et sveltes au contraire des *picadores* qui se font en général remarquer par une haute taille et des formes athlétiques : les uns ont besoin de force, les autres d'agilité.

Les *banderilleros* portent le même costume et ont pour spécialité de planter dans les épaules du taureau des espèces de flèches munies d'un fer barbelé et enjolivées de découpures de papier; ces flèches se nomment *banderillas*, et sont destinées à raviver la fureur du taureau et à lui donner le degré d'exaspération nécessaire pour qu'il se présente bien à l'épée du *matador*. On doit poser deux *banderillas* à la fois, et pour cela il faut passer les deux bras entre les cornes du taureau, opération délicate pendant laquelle des distractions seraient dangereuses.

L'*espada* ne diffère des *banderilleros* que par un costume plus riche, plus orné, quelquefois de soie pourpre, couleur particulièrement désagréable au taureau. Ses armes sont une longue épée avec une poignée en croix et un morceau d'étoffe écarlate, ajouté sur un bâton transversal; le nom technique de cette espèce de bouclier flottant est *muleta*.

Vous connaissez maintenant le théâtre et les acteurs, nous allons vous les montrer à l'œuvre.

Les *picadores* escortés des *chulos* vont saluer la loge de l'*ayuntamiento* d'où on leur jette les clefs du *toril*; les clefs sont ramassées et remises à l'alguazil, qui va les porter au garçon de combat, et se sauve au grand galop au milieu des huées et des cris de la foule, car les alguazils et tous les représentans de la justice ne sont guère plus populaires en Espagne que chez nous les gendarmes et les sergens de ville. Cependant les deux *picadores* vont se placer à la gauche des portes du *toril* qui fait face à la loge de la reine, parce que la sortie du taureau est une des choses les plus curieuses de la course; ils sont postés à peu de distance l'un de l'autre, adossés aux *tablas*, bien assurés sur leurs arçons, la lance au poing et préparés à recevoir vaillamment la bête farouche; les *chulos* et les *banderilleros* se tiennent à distance ou s'éparpillent dans l'arène.

Toutes ces préparations, qui paraissent plus longues dans la description que dans la réalité, allument la curiosité au plus haut point. Tous les yeux sont fixés avec anxiété sur la fatale porte, et dans ces douze mille regards il n'y en a pas un seul qui soit tourné d'un autre côté. La plus belle femme de la terre n'obtiendrait pas l'aumône d'une œillade dans ce moment-là.

J'avoue que, pour ma part, j'avais le cœur serré comme par une main invisible ; les tempes me sifflaient, et des sueurs chaudes et froides me passaient dans le dos. C'est une des plus fortes émotions que j'aie jamais éprouvées.

Une grêle fanfare résonna, les deux battans rouges se renversèrent avec fracas, et le taureau se précipita dans l'arène au milieu d'un hurrah immense.

C'était un superbe animal, presque noir, luisant, avec un fanon énorme, un mufle carré, des cornes en croissant aiguës et polies, des jambes sèches, une queue toujours en mouvement, portant entre les deux épaules

une touffe de rubans aux couleurs de sa *Ga-
naderia*, piquée dans le cuir par une aiguil-
lette. Il s'arrêta une seconde, renifla l'air deux
ou trois fois, ébloui du grand jour, étonné
du tumulte, puis, avisant le premier *picador*,
il fondit dessus au galop avec un élan furieux.

Le *picador* ainsi attaqué était Sevilla. Je ne
puis résister au plaisir de décrire ici ce fameux Sevilla, qui est réellement l'idéal du
genre. Figurez-vous un homme de trente ans
environ, de grande mine et de grande tournure, robuste comme un Hercule, basané
comme un mulâtre, avec des yeux superbes et
une physionomie comme un des Césars du
Titien ; l'expression de sérénité joviale et dé-
daigneuse qui règne dans ses traits et son main-
tien ont vraiment quelque chose d'héroïque ;
il avait, ce jour-là, une veste orange brodée et
galonnée d'argent, qui m'est restée dessinée
dans la mémoire avec une ineffaçable minutie ;
il abaissa la pointe de sa lance, se mit en arrêt
et soutint le choc du taureau si victorieusement
que la bête farouche chancela, passa outre, em-
portant une blessure qui ne tarda pas à rayer

sa peau noire de filets rouges ; elle s'arrêta incertaine quelques instans, puis fondit sur le
second *picador* posté à quelque distance avec
un redoublement de rage.

Antonio Rodriguez lui donna un bon coup
de lance qui ouvrit une seconde blessure tout
à côté de la première, car l'on ne doit piquer
qu'à l'épaule ; mais le taureau revint sur lui
tête baissée et plongea sa corne tout entière
dans le ventre du cheval. Les *chulos* accoururent, secouant leur cape, et l'animal stupide,
attiré et distrait par ce nouvel appât, se mit à
les poursuivre à toutes jambes ; mais les *chulos*, mettant le pied sur le rebord dont nous
avons parlé, sautèrent légèrement par dessus
la barrière, laissant l'animal fort étonné de ne
plus rien voir.

Le coup de corne avait fendu le ventre du
cheval, en sorte que ses entrailles se répan-
daient et coulaient presque jusqu'à terre ; je
crus que le *picador* allait se retirer pour en
prendre un autre ; pas le moins du monde : il
lui toucha l'oreille pour voir si le coup était
mortel ; le cheval n'était que décousu : cette

blessure, quoique affreuse à voir, peut se guérir;
on remet les boyaux dans le ventre, on y fait
deux ou trois points, et la pauvre bête peut
servir pour une autre course; il lui donna un
coup d'éperon, et fut, avec un temps de galop
de chasse, se replacer plus loin.

Le taureau commençait à comprendre qu'il
n'y avait guère que des coups de lance à ga-
gner du *côté* des *picadores*, et sentait le besoin
de retourner au pâturage. Au lieu d'*entrer*
sans hésitation, après un élan de quelques pas,
il retournait à sa *querencia* avec une imperturbable opiniâtreté; — la *querencia*, en termes
de l'art, est un coin quelconque de la place
que le taureau se choisit pour gîte, et auquel
il revient toujours après avoir donné la *cogida*;
la *cogida* se dit de l'attaque du taureau, et la
suerte de l'attaque du *torero*, qui se nomme
aussi *diestro*.

Une nuée de *chulos* vint agiter, devant ses
yeux, leurs *capas* de couleurs éclatantes; l'un
d'eux poussa l'insolence jusqu'à coiffer de son
manteau enroulée la tête du taureau, qui ressemblait ainsi à l'enseigne du *Bœuf à la mode*,

que tout le monde a pu voir à Paris. Le taureau
furieux se débarrassa, comme il put, de cet
ornement intempestif, et fit voler en l'air l'innocente étoffe qu'il piétina avec rage lorsqu'elle
retomba à terre. Profitant de cette recrudes-
cence de colère, un *chulo* se mit à l'agacer en
l'attirant du *côté* des *picadores;* se trouvant
face à face de ses ennemis, le taureau hésita,
puis, prenant son parti, se précipita sur Sevilla avec tant de force, que le cheval roula les
quatre fers en l'air, car le bras de Sevilla
est un arc-boutant de bronze que rien ne peut
faire plier. Sevilla tomba sous le cheval, ce
qui est la meilleure façon, parce que l'homme
est à couvert des coups de corne, et que le
corps de sa monture lui sert de bouclier. Les
chulos intervinrent, et le cheval en fut quitte
pour une estafilade à la cuisse. On releva Sevilla qui se remit en selle avec une tranquillité
parfaite. Le cheval d'Antonio Rodriguez, l'autre
picador, fut moins heureux : il reçut dans le
poitrail un coup si violent, que la corne s'en-
fonça jusqu'à la garde, et disparut entièrement
dans la blessure. Pendant que le taureau cher-

chait à dégager sa tête embarrassée dans le corps du cheval, Antonio s'accrochait des mains aux rebords de *las tablas* qu'il franchissait avec l'aide des *chulos*, car les *picadores*, désarçonnés, allourdis par la garniture de fer de leurs bottes, ne peuvent guère plus remuer que les anciens chevaliers emboîtés dans leurs armures.

Le pauvre animal, abandonné à lui-même, se mit à traverser l'arène en chancelant, comme s'il était ivre, s'embarrassant les pieds dans ses entrailles ; des flots de sang noir jaillissaient impétueusement de sa plaie, et zébraient le sable de zigzags intermittens qui trahissaient l'inégalité de sa démarche ; enfin il vint s'abattre près des *tablas*. Il releva deux ou trois fois la tête, roulant un œil bleu déjà vitré, retirant en arrière ses lèvres blanches d'écume, qui laissaient voir ses dents décharnées ; sa queue battit faiblement la terre ; ses pieds de derrière s'agitèrent convulsivement et lancèrent une ruade suprême, comme s'il eût voulu briser de son dur sabot le crâne épais de la mort. Son agonie était à peine ter-

minée que les *muchachos* de service, voyant le
taureau occupé d'un autre côté, accoururent
pour lui ôter la selle et la bride. Il resta dés-
habillé, couché sur le flanc, et dessinant sur le
sable sa brune silhouette. Il était si mince, si
aplati, qu'on l'eût pris pour une découpure de
papier noir. J'avais déjà remarqué à Montfau-
con quelles formes étrangement fantastiques la
mort fait prendre aux chevaux : c'est assurément l'animal dont le cadavre est le plus triste
à voir. Sa tête, si noblement et si purement
charpentée, modelée et frappée de méplats par
le doigt terrible du néant, semble avoir été habitée par une pensée humaine ; la crinière qui
s'échevèle, la queue qui s'éparpille, ont quelque chose de pittoresque et de poétique. Un
cheval mort est un cadavre ; tout autre animal
dont la vie s'est envolée n'est qu'une charogne.

J'insiste sur la mort de ce cheval, parce que
c'est la sensation la plus pénible que j'aie éprou-
vée au combat de taureau. Ce ne fut pas, du
reste, la seule victime : quatorze chevaux res-
tèrent sur l'arène ce jour-là ; un seul taureau
en tua cinq.

Le *picador* revint avec un cheval frais, et il y eut encore plusieurs attaques plus ou moins heureuses. Mais le taureau commençait à se fatiguer et sa fureur à s'abattre ; les *banderilleros* arrivèrent avec leurs flèches garnies de papier, et bientôt le col du taureau fut orné d'une collerette de découpures, que les efforts qu'il faisait pour s'en délivrer, attachaient encore plus invinciblement. Un petit *banderillero*, nommé Majaron, piquait les dards avec beaucoup de bonheur et d'audace, et quelquefois même il battait un entrechat avant de se retirer ; aussi était-il fort applaudi. Quand le taureau eut après lui sept à huit *banderillas*, dont le fer lui déchirait le cuir et dont le papier lui bruissait aux oreilles, il se mit à courir çà et là, à beugler affreusement. Son muffle noir blanchissait d'écume, et, dans l'enivrement de sa rage, il donna de si rudes coups de cornes contre une des portes, qu'il la fit sauter des gonds. Les charpentiers, qui suivaient de l'œil ses mouvemens, remirent aussitôt le battant en place ; un *chulo* l'attira d'un autre côté et fut poursuivi si vivement, qu'il eut à peine le temps de franchir la barrière. Le taureau, exaspéré, enragé, fit un effort prodigieux, et passa pardessus *las tablas*. Tous ceux qui se trouvaient dans le couloir sautèrent avec une merveilleuse promptitude dans la place, et le taureau rentra par une autre porte, reconduit à coups de canne et à coups de chapeau, par les spectateurs du premier rang.

Les *picadores* se retirèrent, laissant le champ libre à l'*espada* Juan Pastor, qui s'en fut saluer la loge de l'*ayuntamiento* et demander la permission de tuer le taureau ; la permission accordée, il jeta en l'air sa *montera*, comme pour montrer qu'il allait jouer son va-tout, et marcha au taureau d'un pas délibéré, cachant son épée sous les plis rouges de sa *muleta*.

L'*espada* fit voltiger à plusieurs reprises l'étoffe écarlate sur laquelle le taureau se précipitait aveuglément ; un mouvement de corps lui suffisait pour éviter l'élan de la bête farouche, qui revenait bientôt à la charge, donnant de furieux coups de tête dans l'étoffe légère qu'il déplaçait sans la pouvoir percer. Le moment favorable étant venu, l'*espada* se plaça tout à fait en face du taureau, agitant sa *muleta* de la main gauche et tenant son épée horizontale, la pointe à la hauteur des cornes de l'animal; il est difficile de rendre avec des mots la curiosité pleine d'angoisses, l'attention frénétique qu'excite cette situation qui vaut tous les drames de Shakespeare; dans quelques secondes, l'un des deux acteurs sera tué. Sera-ce l'homme ou le taureau? Ils sont là tous les deux, face à face, seuls; l'homme n'a aucune arme défensive; il est habillé comme pour un bal : escarpins et bas de soie; une épingle de femme percerait sa veste de satin; un lambeau d'étoffe, une frêle épée, voilà tout; dans ce duel le taureau a tout l'avantage matériel : il a deux cornes terribles, aiguës comme des poignards, une force d'impulsion immense, la colère de la brute qui n'a pas la conscience du danger; mais l'homme a son épée et son cœur, douze mille regards fixés sur lui : de belles jeunes femmes vont l'applaudir tout à l'heure du bout de leurs blanches mains!

La *muleta* s'écarta, laissant à découvert le buste du *matador*; les cornes du taureau n'étaient qu'à un pouce de sa poitrine ; je le crus perdu ! Un éclair d'argent passa avec la rapidité de la pensée au milieu des deux croissans, le taureau tomba à genoux en poussant un beuglement douloureux, ayant la poignée de l'épée entre les deux épaules, comme ce cerf de Saint-Hubert qui portait un crucifix dans les ramures de son bois, ainsi qu'il est représenté dans la merveilleuse gravure d'Albert Durer.

Un tonnerre d'applaudissemens éclata dans tout l'amphithéâtre ; les *palcos* de la noblesse, les *gradas cubiertas* de la bourgeoisie, le *tendido* des *manolos* et des *manolas* criaient et vociféraient avec toute l'ardeur et la pétulance méridionales : *Bueno ! bueno ! entusiasmo para el Barbero !* Le coup que venait de faire l'*espada* est en effet très estimé et se nomme la *estocada a vuela piés* : le taureau meurt sans perdre une goutte de sang, ce qui est la suprème de l'élégance, et en tombant sur ses genoux semble reconnaître la supériorité de son adversaire. Les *aficionados* (dilettanti) disent que l'inventeur de ce coup est Joaquin Rodriguez, célèbre *torero* du siècle passé.

Lorsque le taureau n'est pas mort sur le coup, on voit sauter par-dessus la barrière un petit être mystérieux, vêtu de noir, et qui n'a pris aucune part à la course : c'est le *cachetero*. Il s'avance d'un pied furtif, épie ses dernières convulsions, voit s'il est encore capable de se relever, ce qui arrive quelquefois, et lui enfonce traitreusement par derrière un poignard cylindrique terminé en lancette, qui coupe la moelle épinière et enlève la vie avec la rapidité de la foudre; le bon endroit est derrière la tête à quelques pouces de la raie des cornes.

La musique militaire sonna la mort du taureau; une des portes s'ouvrit et quatre mules harnachées magnifiquement avec des plumets, des grelots et des houppes de laine, et de petits drapeaux jaunes et rouges, aux couleurs d'Espagne, entrèrent au galop dans l'arène. Cet attelage est destiné à enlever les cadavres qu'on attache au bout d'une corde munie d'un crampon. On emporta d'abord les chevaux, puis le taureau. Ces quatre mules éblouissantes et sonores qui trainaient, avec une vélocité enragée, sur le sable, tous ces corps qui couraient eux-mêmes si bien tout à l'heure, avaient un aspect bizarre et sauvage, qui dissimulait un peu le lugubre de leurs fonctions : un garçon de service vint avec une corbeille pleine de terre et saupoudra les mares de sang où le pied des *toreros* aurait pu glisser. Les *picadores* reprirent leurs places à côté de la porte, l'orchestre joua une fanfare et un autre taureau s'élança dans l'arène; car ce spectacle n'a pas d'entr'acte, rien ne le suspend, pas même la mort d'un *torero*. Comme nous l'avons dit, les *doublures* sont là tout habillées et armées en cas d'accident; notre intention n'est pas de raconter successivement la mort des huit taureaux qui furent sacrifiés ce jour-là; mais nous parlerons de quelques variantes et incidens remarquables.

Les taureaux ne sont pas toujours d'une grande férocité; quelques uns même sont fort doux et ne demanderaient pas mieux que de se coucher tranquillement à l'ombre. L'on voit à leur mine honnête et débonnaire qu'ils aiment mieux le pâturage que le cirque : ils tournent le dos aux *picadores* et laissent avec beaucoup de flegme les *chulos* leur secouer devant le nez leurs capes de toutes couleurs ; les *banderillas* ne suffisent pas même à les tirer de leur apathie ; il faut donc avoir recours aux moyens violens , aux *banderillas de fuego* : ce sont des espèces de baguettes d'artifices , qui s'allument quelques minutes après avoir été plantées dans les épaules du taureau *cobarde* (lâche), et éclatent avec force étincelles et détonations. Le taureau , par cette ingénieuse invention , est donc à la fois piqué, brûlé et abasourdi : fût-il le plus *aplomado* (plombé) des taureaux , il faut bien qu'il se décide à entrer en fureur. Il se livre à une foule de cabrioles extravagantes dont on ne croirait pas capable une si lourde bête ; il rugit , il écume et se tord en tous sens pour se délivrer du feux d'artifice mal placé , qui lui grille les oreilles et lui roussit le cuir.

Les *banderillas de fuego* ne s'accordent , du reste , qu'à la dernière extrémité ; c'est une espèce de déshonneur pour la course lorsque l'on est obligé d'y recourir ; mais lorsque l'alcade tarde trop à agiter son mouchoir en signe de permission, on fait un tel vacarme, qu'il est bien obligé de céder. Ce sont des cris et des vociférations inimaginables, des hurlemens, des trépignemens. Les uns crient *banderillas de fuego*, les autres, *perros! perros!* (les chiens). L'on accable le taureau d'injures : on l'appelle brigand, assassin, voleur; on lui offre une place à l'ombre, on lui fait mille plaisanteries, souvent très spirituelles. Bientôt les chœurs de cannes se joignent aux vociférations devenues insuffisantes. Les planchers des *palcos* craquent et se fendent, et la peinture des plafonds tombe en pellicules blanchâtres comme une neige entremêlée de poussière. L'exaspération est au comble : *fuego al alcalde! perros al alcalde!* le feu et les chiens à l'alcade! hurle la foule enragée en montrant le poing à la loge de l'*ayuntamiento*. Enfin, la bienheureuse permission est accordée, et le calme se rétablit. Dans ces espèces d'*enguculemens*, pardon du terme, je n'en connais pas de meilleur, il se dit quelquefois des mots très bouffons. Nous en rapporterons un très concis et très vif : un *picador* magnifiquement vêtu avec un habit tout neuf se prélassait sur son cheval sans rien faire, et dans un endroit de la place où il n'y avait pas de danger ; *pintura ! pintura !* lui cria la foule qui s'aperçut de son manège.

Souvent le taureau est si lâche que les *banderillas de fuego* ne suffisent pas encore. — Il retourne à sa *querencia* et ne veut pas *entrer.* Les cris *perros ! perros !* recommencent. Alors, sur le signe de l'alcade, messieurs les chiens sont introduits. Ce sont d'admirables bêtes, d'une pureté de race et d'une beauté extraordinaires ; ils vont droit au taureau, qui en jette bien une demi-douzaine en l'air, mais qui ne peut empêcher qu'un ou deux des plus forts et des plus courageux ne finissent par lui saisir l'oreille. Une fois qu'ils ont *pris* ils sont comme des sangsues ; on les retournerait plutôt que de les faire lâcher. Le taureau secoue la tête, les cogne contre les barrières : rien n'y fait. Quand cela a duré quelque temps, l'*espada* ou le *cachetero* enfonce une épée dans le flanc de la victime, qui chancelle, ploie les genoux et tombe à terre, où on l'achève. On emploie aussi quelquefois une espèce d'instrument appelé *media luna* (demi-lune), qui lui coupe les jarrets de derrière et le rend incapable de toute résistance; alors ce n'est plus un combat, mais une boucherie dégoûtante. Il arrive souvent que le matador manque son coup : l'épée rencontre un os et rejaillit, ou bien elle pénètre dans le gosier et fait vomir au taureau le sang à gros bouillons, ce qui est une faute grave selon les lois de la *tauromaquia*. Si au second coup la bête n'est pas achevée, l'*espada* est couvert de huées, de sifflets et d'injures, car le public espagnol est fort impartial; il applaudit le taureau et l'homme selon leurs mérites réciproques. Si le taureau éventre un cheval et renverse un homme, *bravo toro!* si c'est l'homme qui blesse le taureau, *bravo el torero!* mais il ne souffre la lâcheté ni dans l'homme ni dans la bête. Un pauvre diable qui n'osait pas aller poser les *banderillas* à un taureau extrêmement féroce, excita un tel tumulte qu'il fallut que l'alcade promît de le faire mettre en prison pour que l'ordre se rétablît.

Dans cette même course, Sevilla, qui est un

écuyer admirable, fut très applaudi pour le trait suivant : un taureau d'une force extraordinaire prit son cheval sous le ventre, et, relevant la tête, lui fit quitter terre complètement. Sevilla, dans cette position périlleuse, ne vacilla même pas sur sa selle, ne perdit pas les étriers, et tint si bien son cheval qu'il retomba sur les quatre pieds.

La course avait été bonne : huit taureaux, quatorze chevaux tués, un *chulo* blessé légèrement ; on ne pouvait souhaiter rien de mieux. Chaque course doit rapporter vingt ou vingt-cinq mille francs ; c'est une concession faite par la reine au grand hôpital, où les *toreros* blessés trouvent tous les secours imaginables ; un prêtre et un médecin se tiennent dans une chambre à la *Plaza de Toros*, prêts à administrer, l'un les remèdes de l'ame, l'autre les remèdes du corps ; l'on disait autrefois, et je crois bien que l'on dit encore une messe à leur intention pendant la course. Vous voyez bien que rien n'est négligé, et que les impresarios sont gens de prévoyance. Le dernier taureau tué, tout le monde saute dans l'arène pour le voir de plus près, et les spectateurs se retirent en dissertant sur le mérite des différentes *suertes* ou *cogidas* qui les ont le plus frappé. — Et les femmes, me direz-vous, comment sont-elles? car, c'est là une des premières questions que l'on adresse à un voyageur. — Je vous avoue que je n'en sais rien. Il me semble vaguement qu'il y en avait de fort jolies auprès de moi, mais je ne l'affirmerai pas.

Allons au Prado pour éclaircir ce point important.

VIII

Quand on parle de Madrid, les deux premières idées que ce mot éveille dans l'imagination sont le Prado et la Puerta del Sol : puisque nous sommes tout portés, allons au Prado, c'est l'heure où la promenade commence. Le Prado, composé de plusieurs allées et contre-allées, avec une chaussée au milieu pour les voitures, est ombragé par des arbres écimés et trapus, dont le pied baigne dans un petit bassin entouré de briques où des rigoles amènent l'eau aux heures de l'arrosement ; sans cette précaution ils seraient bientôt dévorés par la poussière et grillés par le soleil : la promenade commence au couvent d'Atocha, passe devant la porte de ce nom, la porte d'Alcala, et se termine à la porte des Récollets. Mais le beau monde se tient dans un espace circonscrit par la fontaine de Cybèle et celle de Neptune, depuis la porte d'Alcala jusqu'à la Carrera de San Hieronimo. C'est là que se trouve un grand espace appelé *salon*, tout bordé de chaises, comme la grande allée des Tuileries ; du côté du salon, il y a une contre-allée qui porte le nom de *Paris* ; c'est le boulevart de Gand du lieu, le rendez-vous de la fashion de Madrid ; — et, comme l'imagination des fashionables ne brille pas précisément par le pittoresque, ils ont choisi l'endroit le plus poussiéreux, le moins ombragé, le moins commode de toute la promenade ; la foule est si grande dans cet étroit espace, resserré entre le *salon* et la chaussée des voitures, qu'on a souvent peine à porter la main à sa poche pour

prendre son mouchoir ; il faut emboîter le pas
et suivre la file comme à une queue de théâtre
(au temps où les théâtres avaient des queues).
La seule raison qui puisse avoir fait adopter
cette place, c'est qu'on y peut voir et saluer
les gens qui passent en calèche sur la chaussée
(il est toujours honorable pour un piéton de
saluer une voiture). Les équipages ne sont pas
très brillans ; la plupart sont traînés par des
mules dont le poil noirâtre, le gros ventre et
les oreilles pointues sont de l'effet le plus disgracieux ; on dirait les voitures de deuil qui
suivent les corbillards : le carrosse de la reine
elle-même n'a rien que de très simple et de très
bourgeois. Un Anglais un peu millionnaire le
dédaignerait assurément ; sans doute, il y a
quelques exceptions, mais elles sont rares. Ce
qui est charmant, ce sont les beaux chevaux
de selle andaloux, sur lesquels se pavanent
les merveilleux de Madrid. Il est impossible de
voir quelque chose de plus élégant, de plus
noble et de plus gracieux qu'un étalon andalou
avec sa belle crinière tressée, sa longue queue
bien fournie qui descend jusqu'à terre : son har-

nais orné de houppes rouges, sa tête busquée, son œil étincelant et son col renflé en gorge de pigeon. J'en ai vu un monté par une femme qui était rose (le cheval et non la femme) comme une rose de Bengale glacée d'argent, et d'une beauté merveilleuse : quelle différence de ces nobles bêtes qui ont conservé leur belle forme primitive à ces machines locomotives en muscles et en os, qu'on appelle des coureurs anglais, et qui n'ont plus du cheval que quatre jambes et une épine dorsale pour poser un jockey !

Le coup d'œil du Prado est réellement un des plus animés qui se puisse voir, et c'est une des plus belles promenades du monde, non pour le site qui est des plus ordinaires, malgré tous les efforts que le roi Charles III a pu faire pour en corriger la défectuosité, mais à cause de l'affluence étonnante qui s'y porte tous les soirs, de sept heures et demie à dix heures.

On voit très peu de chapeaux de femme au Prado ; à l'exception de quelques galettes jaune-soufre, qui ont dû orner autrefois des ânes instruits, il n'y a que des mantilles. — La mantille espagnole est donc une vérité ; j'avais pensé qu'elle n'existait plus que dans les romances de M. Crevel de Charlemagne : elle est en dentelles noires ou blanches, plus habituellement noires, et se pose à l'arrière de la tête sur le haut du peigne ; quelques fleurs placées sur les tempes complètent cette coiffure qui est la plus charmante qui se puisse imaginer. Avec une mantille , il faut qu'une femme soit laide comme les trois vertus théologales pour ne pas paraître jolie ; malheureusement c'est la seule partie du costume espagnol que l'on ait conservée ; le reste est *à la française*. Les derniers plis de la mantille flottent sur un châle , un odieux châle , et le châle lui-même est accompagné d'une robe d'étoffe quelconque, qui ne rappelle en rien la basquine. Je ne puis m'empêcher d'être étonné d'un pareil aveuglement ; et je ne comprends pas que les femmes , ordinairement clairvoyantes en ce qui concerne leur beauté, ne s'aperçoivent pas que leur suprême effort d'élégance arrive tout au plus à les faire ressembler à une *merveilleuse* de province, résultat médiocre ; l'ancien

costume est si parfaitement approprié au caractère de beauté, aux proportions et aux ha-
bitudes des Espagnoles, qu'il est vraiment le
seul possible ; l'éventail corrige un peu cette
prétention au *parisianisme*. Une femme sans
éventail est une chose que je n'ai pas encore vue
en ce bienheureux pays ; j'en ai vu qui avaient
des souliers de satin sans bas, mais elles avaient
un éventail ; l'éventail les suit partout, même
à l'église où vous rencontrez des groupes de
femmes de tout âge, agenouillées ou accrou-
pies sur leurs talons, qui prient et s'éventent
avec ferveur, entremêlant le tout de signes de
croix espagnols qui sont beaucoup plus com-
pliqués que les nôtres, et qu'elles exécutent
avec une précision et une rapidité dignes de
soldats prussiens. Manœuvrer l'éventail est un
art totalement inconnu en France. Les Espagnoles y excellent ; l'éventail s'ouvre, se ferme,
se retourne dans leurs doigts si vivement, si
légèrement, qu'un prestidigitateur ne ferait
pas mieux. Quelques élégantes en forment des
collections du plus grand prix ; nous en avons
vu une qui en comptait plus de cent de diffé-

rens styles ; il y en avait de tout pays et de toute époque : ivoire, écaille, bois de Sandal, paillettes, gouaches du temps de Louis XIV et de Louis XV, papier de riz du Japon et de la Chine, rien n'y manquait ; plusieurs étaient étoilés de rubis, de diamans et autres pierres précieuses : c'est un luxe de bon goût et une charmante manie pour une jolie femme ; les éventails qui se ferment et s'épanouissent produisent un petit sifflement qui, répété plus de mille fois par minute, jette sa note à travers la confuse rumeur qui flotte sur la promenade, et a quelque chose d'étrange pour une oreille française. Lorsqu'une femme rencontre quelqu'un de connaissance, elle lui fait un petit signe d'éventail, et lui jette en passant le mot *agur* qui se prononce *avour*. — Maintenant venons aux beautés espagnoles.

Ce que nous entendons en France par type espagnol n'existe pas en Espagne, ou du moins je ne l'ai pas encore rencontré. On se figure habituellement, lorsqu'on parle señora et mantille, un ovale allongé et pâle, de grands yeux noirs surmontés de sourcils de velours, un nez

mince un peu arqué, une bouche rouge de grenade, et, sur tout cela, un ton chaud et doré
justifiant le vers de la romance : — *Elle est
jaune comme une orange*. Ceci est le type arabe
ou moresque, et non le type espagnol. Les Ma-
drilègnes sont charmantes dans toute l'acception
du mot : sur quatre, il y en a trois de jolies ; mais
elles ne répondent en rien à l'idée qu'on s'en
fait. Elles sont petites, mignonnes, bien tournées, le pied mince, la taille cambrée, la poitrine d'un contour assez riche ; mais elles ont
la peau très blanche, les traits délicats et chif-
fonnés, la bouche en cœur, et représentent
parfaitement bien certains portraits de la ré-
gence. Beaucoup ont les cheveux châtain-clair,
et vous ne ferez pas deux tours sur le Prado
sans rencontrer sept à huit blondes de toutes
les nuances, depuis le blond cendré jusqu'au
roux véhément, au roux barbe de Charles-
Quint. C'est une erreur de croire qu'il n'y a pas
de blondes en Espagne. Les yeux bleus y abondent, mais ne sont pas si estimés que les noirs.

Dans les premiers temps nous avions quelque peine à nous accoutumer à voir des fem-

mes décolletées comme pour un bal, les bras nus, des souliers de satin aux pieds et des fleurs à la tête, l'éventail à la main, se promener toutes seules dans un endroit public, car ici l'on ne donne pas le bras aux femmes, à moins d'être leur mari ou leur proche parent : on se contente de marcher à côté d'elles, du moins tant qu'il fait jour, car, la nuit tombée, on est moins rigoureux sur cette étiquette, surtout avec les étrangers qui n'en ont pas l'habitude.

On nous avait beaucoup vanté les *manolas* de Madrid ! la manola est un type disparu comme la grisette de Paris, comme les transteverins de Rome ; elle existe bien encore, mais dépouillée de son caractère primitif ; elle n'a plus son costume si hardi et si pittoresque ; l'ignoble indienne a remplacé les jupes de couleurs éclatantes brodées de ramages exorbitans ; l'affreux soulier de peau a chassé le chausson de satin, et, chose horrible à penser, la robe s'est allongée de deux bons doigts. Autrefois elles variaient l'aspect du Prado par leurs vives allures et leur costume singulier ; aujourd'hui

on a peine à les distinguer des petites bourgeoi-
ses et des femmes de marchands. J'ai cherché
la manola *pur sang* dans tous les coins de Madrid, à la course de taureaux , au jardin *de las
Delicias* , au *Nuevo recreo* , à la fête de Saint-
Antoine, et je n'en ai jamais rencontré de complète. Une fois , en parcourant le quartier du
Rastro , le temple de Madrid, après avoir en-
jambé une grande quantité de gueux qui dormaient étendus par terre au milieu d'effroya-
bles guenilles, je me trouvai dans une petite
ruelle déserte, et là je vis, pour la première
et la dernière fois , la manola demandée. —
C'était une grande fille bien découplée , de
vingt-quatre ans environ, la plus haute vieillesse
où puissent arriver les *manolas* et les grisettes.
Elle avait le teint basané, le regard ferme et
triste, la bouche un peu épaisse, et je ne sais
quoi d'africain dans la construction du masque. Une énorme tresse de cheveux bleus à
force d'être noirs, nattée comme le jonc d'une
corbeille, lui faisait le tour de la tête et venait
se rattacher à un grand peigne à galerie ; des
paquets de grains de corail pendaient à ses

oreilles ; son cou fauve était orné d'un collier de même matière ; une mantille de velours noir encadrait sa tête et ses épaules ; sa robe, aussi courte que celle des Suissesses du canton de Berne, était de drap brodé, et laissait voir des jambes fines et nerveuses enfermées dans un bas de soie noire bien tiré ; le soulier était de satin, selon l'ancienne mode ; un éventail rouge tremblait comme un papillon de cinabre dans ses doigts chargés de bagues d'argent. La dernière des manolas tourna le coin de la ruelle, et disparut à mes yeux émerveillés d'avoir vu une fois se promener dans le monde réel et vivant un costume de Duponchel, un déguisement d'Opéra !

Je vis aussi au Prado quelques *pasiegas* de Santander avec leur costume national ; les *pasiegas* sont réputées les meilleures nourrices de l'Espagne, et l'affection qu'elles portent aux enfans est proverbiale, comme en France la probité des Auvergnats ; elles ont une jupe de drap rouge plissée à gros plis, bordée d'un large galon, un corset de velours noir également galonné d'or, et pour coiffure un madras

bariolé de couleurs éclatantes, le tout avec ac-
compagnement de bijoux d'argent et autres
coquetteries sauvages; ces femmes sont fort
belles, elles ont un caractère de force et de
grandeur très frappant. L'habitude de bercer
les enfans sur les bras leur donne une attitude
renversée et cambrée, qui va bien avec le dé-
veloppement de leur poitrine. — Avoir une pasiega en costume est une espèce de luxe
comme de faire monter un klephte derrière sa
voiture.

Je ne vous ai rien dit de l'habit des hommes :
regardez les gravures de mode parues il y a
six mois, au carreau de quelque tailleur ou de
quelque cabinet de lecture, et vous en aurez
une parfaite idée. — Paris est la pensée qui occupe tout le monde, et je me souviens d'avoir
vu sur l'échoppe d'un décrotteur : « Ici on cire
les bottes à l'instar (*al estilo*) de Paris. » Ga-
varni et ses délicieux dessins, voilà le but modeste que se proposent d'atteindre les modernes
hidalgos : ils ne savent pas qu'il n'y a que la
plus fine fleur des pois de Paris qui y puisse
arriver. Cependant, pour leur rendre la justice

qui leur est due, nous dirons qu'ils sont beaucoup mieux habillés que les femmes : ils sont aussi vernis, aussi gantés de blanc que possible. Leurs habits sont corrects et leurs pantalons louables. Mais la cravate n'est pas de la même pureté, et le gilet, cette seule partie du costume moderne où la fantaisie puisse se déployer, n'est pas toujours d'un goût irréprochable.

Il existe à Madrid un commerce dont on n'a aucune idée à Paris : ce sont les marchands d'eau en détail; leur boutique consiste en un *cantaro* de terre blanche, un petit panier de jonc ou de ferblanc qui contient deux ou trois verres, quelques *azucarillos* (bâtons de sucre caramelé et poreux), et quelquefois une couple d'oranges ou de limons; d'autres ont de petits tonneaux entourés de feuillages qu'ils portent sur leur dos, quelques uns même, le long du Prado, par exemple, tiennent des comptoirs enluminés et surmontés de renommées de cuivre jaune avec des drapeaux qui ne le cèdent en rien aux magnificences des marchands de coco de Paris. Ces marchands d'eau

sont ordinairement de jeune *muchachos* gali-
ciens en veste couleur de tabac, avec des culottes courtes, des guêtres noires et un chapeau
pointu; il y a aussi quelques Valençais avec
leurs grègues de toile blanche, leur pièce d'é-
toffe posée sur l'épaule, leurs jambes bronzées
et leurs *alpargatas* bordées de bleu. Quelques
femmes et petites filles, en costume insignifiant, font aussi le commerce de l'eau. — On
les appelle, selon leur sexe, *aguadores* ou
aguadoras; de tous les coins de la ville on entend leurs cris aigus modulés sur tous les tons
et variés de cent mille manières : *agua, agua;
que quiere agua? agua helada, fresquita como
la nieve!* Cela dure depuis cinq heures du matin jusqu'à dix heures du soir; ces cris ont
inspiré à Breton de los Herreros, poëte estimé
de Madrid, une chanson intitulée l'*Aguadora*,
qui a beaucoup de succès dans toute l'Espagne;
cette altération de Madrid est vraiment une
chose extraordinaire : toute l'eau des fontaines, toute la neige des montagnes de Guadarrama ne peuvent y suffire. L'on a beaucoup
plaisanté sur ce pauvre Manzanarès et l'urne

tarie de sa naïade; je voudrais bien voir la figure que ferait tout autre fleuve dans une ville dévorée d'une pareille soif: le Manzanarès est bu dès sa source; les aguadores guettent avec anxiété la moindre goutte d'eau, la plus légère humidité qui se reproduit entre ses rives desséchées, et l'emportent dans leurs *cantaros* et leurs fontaines; les blanchisseuses lavent le linge avec du sable, et au beau milieu du lit du fleuve un mahométan n'aurait pas de quoi faire ses ablutions. Vous vous souvenez sans doute de ce délicieux feuilleton de Méry sur l'altération de Marseille, exagérez-le six fois et vous n'aurez qu'une légère idée de la soif de Madrid. Le verre d'eau se vend un quarto (deux liards à peu près); ce dont Madrid a le plus besoin après l'eau, c'est de feu pour allumer sa cigarette; aussi le cri *fuego*, *fuego* se fait-il entendre de toutes parts et se croise incessamment avec le cri *agua*, *agua*. C'est une lutte acharnée entre les deux élémens, et c'est à qui fera le plus de tapage : ce feu, plus inextinguible que celui de Vesta, est porté par de jeunes drôles dans de petites coupes pleines

de charbons et de cendres fines avec un manche
pour ne pas se brûler les doigts.

Voici qu'il est neuf heures et demie, le
Prado commence à se dépeupler et la foule se
dirige vers les cafés, et les botillerias qui bordent la grande rue d'Alcala et les rues avoisi-
nantes.

Les cafés de Madrid nous semblent, à nous
autres habitués au luxe éblouissant et féerique
des cafés de Paris, de véritables guinguettes
de vingt-cinquième ordre ; la manière dont ils
sont décorés rappelle avec bonheur les bar-
raques où l'on montre des femmes barbues et
des sirènes vivantes ; mais ce manque de luxe
est bien racheté par l'excellence et la variété
des rafraichissemens qu'on y sert. — Il faut
l'avouer, Paris, si supérieur en tout, est en
arrière sous ce rapport : l'art du limonadier
est encore dans l'enfance. Les cafés les plus
célèbres sont le café de la *Bolsa*, au coin de la
rue de Carretas ; le café *Nuevo*, où se réunissent
les *exaltados* ; le café de (j'ai oublié le nom),
rendez-vous habituel des gens qui appar-
tiennent à l'opinion modérée, et qu'on appelle

cancrejos, c'est-à-dire écrevisses; celui du Levant, tout proche de la Puerta del Sol, ce qui ne veut pas dire que les autres ne soient pas bons; mais ceux-là sont les plus fréquentés. N'oublions pas le café *del Principe*, à côté du théâtre de ce nom, rendez-vous habituel des artistes et des littérateurs.

Si vous voulez, nous allons entrer au café de la Bolsa, orné de petites glaces taillées en creux par dessous, de manière à former des dessins, comme on en voit dans certains verres d'Allemagne : voici la carte des *bebidas heladas*, des *sorbetes* et des *quesitos*; la *bebida helada* (boisson gelée) est contenue dans des verres que l'on distingue en *grande* ou *chico* (grand ou petit), et offre une très grande variété; il y a là *bebida de naranja* (orange), de *limon* (citron), de *fresa* (fraise), de *guindras* (cerise), qui sont aussi supérieures à ces affreux carafons de groseille sûre et d'acide citrique que l'on n'a pas honte de vous servir à Paris dans les cafés les plus splendides, que du véritable vin de Xérès l'est à du vin de Brie authentique : c'est une espèce de glace liquide, de purée neigeuse du goût le plus exquis : la *bebiba de almindra blanca* (amandes blanches) est une boisson délicieuse, inconnue en France où l'on avale, sous prétexte d'orgeat, je ne sais quelles abominables mixtures médicinales ; on donne aussi du lait glacé, mi-partie de fraise ou de cerises, qui pendant que votre corps bout dans la zone torride, fait jouir votre gosier de toutes les neiges et de tous les frimas de Groënland. Dans la journée, où les glaces ne sont pas encore préparées, vous avez l'*agraz*, espèce de boisson faite avec du raisin vert et contenue dans des bouteilles à col démesuré ; le goût légèrement acidulé de l'*agraz* est des plus agréables ; vous pouvez encore boire une bouteille de *cerveza de Santa Barbara con limon*, mais ceci exige quelques préparations : l'on apporte d'abord une cuvette et une grande cuiller, comme celles dont on remue le punch, puis un garçon s'avance portant la bouteille ficelée de fil de fer qu'il débouche avec des précautions infinies ; le bouchon part, et l'on verse la bierre dans la cuvette où l'on a préalablement vidé un carafon de limonade, puis on remue le tout avec la cuiller, l'on remplit son verre et l'on avale. Si ce mélange ne vous plait pas, vous n'avez qu'à entrer dans les *orchaterias de chufas* tenus habituellement par des Valençais. La chufa est une petite baie, une espèce d'amande qui croît dans les environs de Valence, qu'on fait griller, qu'on pile, et dont on compose une boisson exquise, surtout lorsqu'elle est mêlée de neige ; cette préparation est extrémement rafraîchissante.

Pour en finir avec les cafés, disons que les *sorbetes* diffèrent de ceux de France en ce qu'ils ont plus de consistance que les *quesitos*, sont de petites glaces dures, moulées en forme de fromage ; il y en a de toutes sortes, d'abricots, d'ananas, d'orange, comme à Paris ; mais on en fait aussi avec du beurre (*manteca*) et avec des œufs encore non formés qu'on retire du corps des poules éventrées, ce qui est particulier à l'Espagne, car je n'ai jamais entendu parler qu'à Madrid de ce singulier raffinement. On sert aussi des *spumas* de chocolat, de café et autres ; ce sont des espèces de crèmes fouettées et glacées d'une légèreté extrème qu'on saupoudre quelquefois de canelle râpée très fine, le tout accompagné de *barquillos*, oublies roulées en longs cornets avec lesquels on prend sa bebida, comme avec un syphon, en aspirant lentement par l'un des bouts, petit raffinement qui permet de savourer plus long-temps la fraîcheur du breuvage : le café ne se prend pas dans des tasses, mais bien dans des verres ; au reste, il est d'un usage assez rare. — Tous ces détails vous paraîtront peut-être fastidieux : mais si vous étiez comme nous ex-posés à une chaleur de 30 à 35 degrés, vous les trouveriez du plus grand intérêt. L'on voit beaucoup plus de femmes dans les cafés de Ma-drid que dans ceux de Paris, bien qu'on fume la cigarette et même le cigare de la Havane. Les journaux qu'on y trouve le plus fréquem-ment sont l'*Eco del Comercio*, le *Nacional* et le *Diario* qui indique les fêtes du jour, l'heure des messes et des sermons, les degrés de cha-leur, les chiens perdus, les jeunes paysannes qui veulent être nourrice sur place, les *criadas* qui cherchent une condition, etc., etc. Mais voici qu'onze heures sonnent : il est temps de se retirer ; à peine quelques rares promeneurs attardés longent la rue d'Alcala. Il n'y a plus dans les rues que les *serenos* avec leur lanterne au bout d'une pique, leur manteau couleur de muraille, et leur cri mesuré : vous n'entendez plus qu'un chœur de grillons qui chantent, dans leurs petites cages enjolivées de verroterie, leur complainte dissyllabique. A Madrid, l'on a le goût des grillons ; chaque maison a le sien suspendu à la fenêtre dans une cage miniature en bois ou en fil de fer ; l'on a aussi la bizarre passion des cailles que l'on garde dans des paniers d'osier à claire-voie, et qui varient agréablement par leur sempiternel *piou-piou-piou*, le *cri-cri* des grillons ; comme dit Bilboquet : Ceux qui aiment cette note-là doivent être contens.

La *Puerta del Sol* n'est pas une porte, comme on pourrait se l'imaginer, mais bien une façade d'église, peinte en rose et enjolivée d'un cadran éclairé la nuit et d'un grand soleil à rayons d'or, d'où lui vient le nom de *Puerta del Sol*. Devant cette église il y a une espèce de place ou carrefour traversé par la rue d'Alcala

dans sa longueur, et croisé par la rue de Carretas et de la Montera. La poste, grand bâtiment régulier, occupe l'angle de la rue de Carretas et a sa façade sur la place. La *Puerta del
Sol* est le rendez-vous des oisifs de la ville, et
il paraît qu'il y en a beaucoup, car dès huit
heures du matin la foule est compacte. Tous
ces graves personnages sont là debout, enve-
loppés dans leurs manteaux, bien qu'il fasse
une chaleur atroce, sous le prétexte frivole
que ce qui défend du froid défend aussi du
chaud. De temps en temps on voit sortir des
plis droits et immobiles de la cape un pouce
et un index jaunes comme de l'or qui roulent
un papelito et quelques pincées de cigare ha-
ché, et bientôt de la bouche du grave person-
nage s'élève un nuage de fumée qui prouve
qu'il est doué de respiration, ce dont on aurait
pu douter à voir sa parfaite immobilité. — A
propos de *papel español para cigaritas*, notons
en passant que je n'en ai pas encore vu un
seul cahier; les naturels du pays se servent
de papier à lettre ordinaire coupé en petits
morceaux; ces cahiers teintés de réglisse, ba-

riolés de dessins grotesques et historiés de
letrillas ou de *romances* bouffonnes, sont ex-
pédiés en France aux amateurs de couleur locale. La politique est le sujet général de la
conversation ; le théâtre de la guerre occupe
beaucoup les imaginations, et il se fait à la
Puerta del Sol plus de stratégie que sur tous
les champs de bataille et dans toutes les cam-
pagnes du monde. Balmaseda, Cabrera, Palil-
los et autres chefs de bande plus ou moins
importans reviennent à toute minute sur le
tapis ; on en conte des choses à faire frémir,
des cruautés passées de mode et regardées depuis long-temps comme de mauvais goût par
les Caraïbes et les Chérokées. Balmaseda, dans
sa dernière pointe, s'avança jusqu'à une vingtaine de lieues de Madrid, et ayant surpris un
village près d'Aranda, il s'amusa à casser les
dents à l'*ayuntamiento* et à l'alcade, et termina
le divertissement en faisant clouer des fers de
cheval aux pieds et aux mains d'un curé constitutionnel. Comme je témoignais mon étonnement de la tranquillité parfaite avec laquelle
on apprenait cette nouvelle, on me répondit

que c'était dans la Castille-Vieille, et qu'alors il n'y avait pas lieu à s'en occuper. — Cette réponse résume toute la situation de l'Espagne, et donne la clef de bien des choses qui nous paraissent incompréhensibles vues de France. En effet, pour un habitant de la Castille-Nouvelle, ce qui se passe dans la Castille-Vieille est aussi indifférent que ce qui se fait dans la lune. L'Espagne n'existe pas encore, au point de vue politique : ce sont toujours les Espagnes, Castille et Léon, Aragon et Navarre, Grenade et Murcie, etc. ; des peuples qui parlent des dialectes différens et ne peuvent se souffrir. En étranger naïf, je me récriai sur pareil raffinement de cruauté; mais on me fit observer que le curé était un curé constitutionnel, ce qui atténuait beaucoup la chose. Les victoires d'Espartero, victoires qui nous semblent médiocres, à nous autres accoutumés aux colassales batailles de l'Empire, servent fréquemment de texte aux politiques de la *Puerta del Sol*. A la suite de ces triomphes où l'on a tué deux hommes, fait trois prisonniers et saisi un mulet chargé d'un sabre et d'une douzaine de cartouches, l'on illumine et l'on fait à l'armée des distributions d'oranges ou de cigares qui produisent un enthousiasme facile à décrire. Autrefois, et encore aujourd'hui, les grands seigneurs allaient dans les boutiques qui avoisinent la *Puerta del Sol*, se faisaient donner une chaise et restaient là une grande partie de la journée, causant avec les praticiens, au grand déplaisir du marchand affligé d'une telle marque de familiarité.

Entrons, s'il vous plait, à la poste, pour voir s'il n'y a pas de lettres de France; cette occupation de lettres est vraiment maladive, soyez sûrs qu'en arrivant dans une ville, le premier monument que va visiter un voyageur, c'est l'hôtel des postes; à Madrid, les lettres adressées poste restante, sont marquées chacune d'un numéro; le numéro et le nom de la personne sont écrits sur une liste qu'on affiche contre les piliers, il y a le pilier de janvier, de février, ainsi de suite; l'on cherche son nom, l'on prend note d'un numéro, et l'on va demander sa lettre au dépôt, où on vous la délivre sans autre formalité. Au bout d'un an, si

les lettres ne sont pas retirées on les brûle.
Sous les arcades de la cour des postes, om-
bragées par de grands stores de sparterie, sont
établis toutes sortes de cabinets de lecture
comme sous les arcades de l'Odéon à Paris,
où l'on va lire les journaux espagnols et étrangers ; les ports de lettres ne sont pas très chers,
et malgré les innombrables dangers auxquels
sont exposés les courriers sur les routes presque toujours infestées de factieux et de bandits,
le service se fait aussi régulièrement que possible ; c'est aussi contre ces piliers que sont
affichés les offres de service des pauvres étu-
dians qui demandent à cirer les bottes d'un
cavalier pour achever leur rhétorique ou leur
philosophie.

Maintenant courons la ville au hasard, le
hasard est le meilleur guide ; d'autant plus que
Madrid n'est pas riche en magnificences architecturales, et qu'une rue est aussi curieuse
qu'une autre : la première chose que vous
apercevez en levant le nez à l'angle d'une maison ou d'une rue, c'est une petite plaque de
faïence où il y a écrit *Manzana. visitac. gener.*

Ces plaques servaient autrefois à numéroter les maisons réunies en îles ou pâtés ; aujourd'hui tout est chiffré comme à Paris ; vous serez surpris aussi de la quantité d'assurances contre l'incendie qui chamarrent les façades des maisons, surtout dans un pays où il n'y a pas de cheminées et où l'on ne fait jamais de feu. — Tout est assuré, jusqu'aux monumens publics, jusqu'aux églises ; la guerre civile est, dit-on, la cause de ce grand empressement à s'assurer, personne n'étant sûr de ne pas être plus ou moins grillé tout vif par un Balmaseda quelconque, chacun tâche de sauver au moins sa maison.

Les maisons de Madrid sont bâties en lattes et briques et en pisé, sauf les jambages, les chaînes et les étriers qui sont quelquefois de granit gris ou bleu, le tout soigneusement recrépi et peint de couleurs assez fantasques, vert céladon, cendre bleue, ventre de biche, queue de serin, rose Pompadour, et autres teintes plus ou moins anacréontiques ; les fenêtres sont encadrées d'ornemens et d'architectures, simulés avec force volutes, enroulemens, pe-

tits amours et pots à fleurs, et garnies de stores à la vénitienne, rayés de larges bandes
bleues et blanches, ou de tapis de sparterie
qu'on arrose pour charger d'humidité et de
fraîcheur le vent qui les traverse. Les maisons
tout-à-fait modernes se contentent d'être crépies à la chaux ou badigeonnées avec la peinture au lait, comme celles de Paris. Les saillies
des balcons et des *miradores* rompent un peu
la monotonie des lignes droites qui projettent
des ombres tranchées et qui diversifient l'aspect
naturellement plat de constructions dont tous
les reliefs sont peints et traités en décorations
de théâtre : éclairez tout cela avec un soleil
étincelant, plantez de distance en distance,
dans ces rues inondées de lumière, quelques
señoras long-voilées qui tiennent contre leur
joue leur éventail déployé en manière de parasol ; quelques mendians hâlés, ridés, drapés
de lambeaux de toile et de haillons à l'état d'a-
madou ; quelque Valençais demi-nu à tournure
de Bédouin ; faites surgir entre les toits les petites coupoles bossues, les clochetons renflés
et terminés par des pommes de plomb, d'une

église et d'un couvent, vous obtiendrez une perspective assez étrange, et qui vous prouvera qu'enfin vous n'êtes plus rue Laffitte, et que vous avez décidément quitté l'asphalte, quand même vos pieds déchirés par les cailloux pointus du pavé de Madrid ne vous en auraient pas encore convaincu.

Une chose qui est vraiment surprenante, c'est la fréquence de l'inscription suivante : *Juego de villar*, qui se reproduit de vingt pas en vingt pas. De peur que vous ne vous imaginiez qu'il y a quelque chose de mystérieux dans ces trois mots sacramentels, je me hâte de les traduire : ils signifient seulement *jeu de billard*. Je ne conçois pas à quoi diable peuvent servir tant de billards, l'univers entier y pourrait faire sa partie. Après les *juegos de villar* l'inscription la plus fréquente est celle de *despacho de bino* (débit de vin). On y vend du Val-de-Penas et des vins généreux. Les comptoirs sont peints de couleurs éclatantes, ornés de draperies et de feuillages. — Les *confiterias* et *pastelerias* sont aussi très nombreuses et assez coquettement décorées ; les confitures d'Espagne méritent une mention particulière : celles connues sous le nom de Cheveux d'Ange (Cabello de Angel) sont exquises. La pâtisserie est aussi bonne qu'elle peut l'être dans un pays où il n'y a pas de beurre, où du moins il est si cher et de si mauvaise qualité, qu'on n'en peut guère faire usage ; elle se rapproche de ce que nous appelons *petit four*. Toutes ces enseignes sont écrites en caractères abréviés avec des lettres entrelacées les unes dans les autres, qui en rendent d'abord l'intelligence difficile aux étrangers grands lecteurs d'enseignes s'il en fût.

L'intérieur des maisons est vaste et commode ; les plafonds sont élevés et l'espace n'est ménagé nulle part ; on bâtirait à Paris une maison tout entière dans la cage de certains escaliers ; vous traversez de longues enfilades de pièces avant d'arriver à la partie réellement habitée ; car toutes ces pièces sont meublées seulement d'un crépi à la chaux ou d'une teinte plate jaune ou bleue relevée de filets de couleur et de panneaux de boiseries simulées. Des tableaux enfumés et noirâtres,

représentant quelque décollation ou quelque
éventrement de martyr, sujets favoris des peintres espagnols, sont pendus aux murailles, la
plupart sans cadres et tout plissés sur leurs
châssis. Le parquet est une chose inconnue en
Espagne, ou du moins je n'y en ai jamais vu.
Toutes les chambres sont carrelées en briques ;
mais comme ces briques sont recouvertes de
nattes de roseau en hiver et de jonc en été,
l'inconvénient est beaucoup moindre ; ces nattes de roseau et de jonc sont tressées avec
beaucoup de goût. Des sauvages des Philip-
pines ou des îles Sandwich ne feraient pas
mieux. Il y a trois choses qui sont pour moi
des thermomètres précis de l'état de civilisation d'un peuple : la poterie, l'art de tresser
soit l'osier soit la paille, et la manière de har-
nacher les bêtes de somme ; si la poterie est
belle, pure de formes, correcte comme l'antique, avec le ton naturel de l'argile blonde ou
rouge ; si les corbeilles et les nattes sont fines,
merveilleusement enlacées, relevées d'arabesques de couleurs admirablement choisies ; si
les harnais sont brodés, piqués, ornés de gre-

lots, de houppes de laine, de dessins du plus beau choix, vous pouvez être sûr que le peuple est primitif et très voisin encore de l'état de nature : des civilisés ne savent faire ni un pot, ni une natte, ni un harnais. — Au moment où j'écris, j'ai devant moi, pendue à une colonne par une ficelle la *jarra* où rafraîchit l'eau que je dois boire : c'est un pot de terre qui vaut douze *quartos*, c'est-à-dire six à sept sous de France environ ; la coupe en est charmante, et je ne connais rien de plus pur après l'étrusque. Le haut, évasé, forme un trèfle à quatre feuilles, légèrement creusées en gouttière, de sorte qu'on peut se verser de l'eau de quelque côté qu'on prenne le vase : les anses, cannelées d'une petite moulure, s'agrafent avec une élégance parfaite au col et aux flancs, d'un galbe délicieux ; les gens comme il faut préfèrent à ces vases charmants d'abominables pots anglais, ventrus, pansus, bossus et enduits d'une épaisse couche de vernis, qu'on prendrait pour des bottes à l'écuyère cirées en blanc. Mais à propos de bottes et de poteries, nous voici assez loin de notre

description domiciliaire; revenons-y sans plus
tarder.

Le peu de meubles qui se trouvent dans les
habitations espagnoles sont d'un goût affreux
qui rappelle le *goût messidor* et le *goût pyramide*, Les formes de l'empire y fleurissent dans
toute leur intégrité. Vous retrouvez là les pilastres d'acajou terminés par des têtes de
sphinx en bronze vert, les baguettes de cuivre
et les encadremens de guirlandes *pompéi*, qui
depuis long-temps ont disparu de la face du
monde civilisé; pas un seul meuble de bois
sculpté, pas une table incrustée en burgau,
pas un cabinet de laque, rien; l'ancienne Espagne a disparu complètement : il n'en reste
que quelques tapis de Perse et quelques rideaux de damas. En revanche, il y a une
abondance de chaises et de canapés de paille
vraiment extraordinaire; les murs sont bar-
bouillés de fausses colonnes, de fausses corni-
ches, ou badigeonnés d'une teinte de peinture à
la détrempe. Sur les tables et les étagères sont
disséminés de petites figurines de biscuit ou de
porcelaine représentant des troubadours, Ma-

thilde et Malek-Adel, et autres sujets également
ingénieux, mais tombés en désuétude ; des cani-
ches en verre filé, des flambeaux de plaqué garnis de leurs bougies, et cent autres magnificences trop longues à décrire, mais dont ce que je
viens de dire doit paraître suffisant ; je n'ai pas
le courage de parler des atroces gravures enluminées qui ont la prétention mal placée
d'embellir les murailles.

Il y a peut-être quelques exceptions, mais
en petit nombre. N'allez pas vous imaginer
que les habitations des gens de la haute classe
soient meublées avec plus de goût et de richesse. Ces descriptions, de l'exactitude la plus
scrupuleuse, s'appliquent à des maisons de
gens ayant voiture et huit ou dix domestiques ;
les stores sont toujours baissés, les volets à
moitié fermés, de sorte qu'il reste dans les appartemens une espèce de *tiers de jour* auquel
il faut s'accoutumer pour savoir discerner les
objets, surtout lorsque l'on vient du dehors
ceux qui sont dans la chambre voient parfaitement, mais ceux qui arrivent sont aveugles
pour huit ou dix minutes, surtout lorsqu'une

des pièces précédentes est éclairée. On dit que d'habiles mathématiciennes ont fait sur cette combinaison d'optique des calculs dont il résulte une sécurité parfaite pour un tête-à-tête intime dans un appartement ainsi disposé.

La chaleur est excessive à Madrid, elle se déclare tout d'un coup sans la transition du printemps ; aussi, dit-on, à propos de la température de Madrid, — trois mois d'hiver, neuf mois d'enfer. — On ne peut se mettre à l'abri de cette pluie de feu qu'en se tenant dans les chambres basses, où règne une obscurité presque complète, et où un perpétuel arrosage entretient l'humidité. Ce besoin de fraîcheur a fait naître la mode des *bucaros*, bizarre et sauvage raffinement qui n'aurait rien d'agréable pour nos petites maîtresses françaises, mais qui semble une recherche du meilleur goût aux belles Espagnoles.

Les *bucaros* sont des espèces de pots en terre rouge d'Amérique, assez semblable à celle dont sont faites les cheminées des pipes turques ; il y en a de toutes formes et de toutes grandeurs ; quelques uns sont relevés de filets de dorure et semés de fleurs grossièrement peintes ; comme on n'en fabrique plus en Amérique, les *bucaros* commencent à devenir rares, et dans quelques années seront introuvables et fabuleux comme le vieux Sèvres, alors tout le monde en aura.

Quand on veut se servir des *bucaros*, on en place sept ou huit sur le marbre des guéridons ou des encoignures, on les remplit d'eau, et on va s'asseoir sur un canapé pour attendre qu'ils produisent leur effet et pour en savourer le plaisir avec le recueillement convenable. L'argile prend d'abord une teinte plus foncée, l'eau pénètre ses pores, et les *bucaros* ne tardent pas à entrer en sueur et à répandre un parfum qui ressemble à l'odeur du plâtre mouillé ou d'une cave humide que l'on n'aurait pas ouverte depuis long-temps. Cette transpiration des *bucaros* est tellement abondante qu'au bout d'une heure la moitié de l'eau s'est évaporée ; celle qui reste dans le vase est froide comme la glace, et a contracté un goût de puits et de citerne assez nauséabond, mais qui est trouvé délicieux par les *aficionadas*. Une demi-douzaine de *bucaros* suffit pour imprégner l'air d'un boudoir d'une telle humidité qu'elle vous saisit en entrant ; c'est une espèce de bain de vapeur à froid. — Non contentes d'en humer le parfum, d'en boire l'eau, quelques personnes mâchent de petits fragmens de *bucaros*, les réduisent en poudre et finissent par les avaler.

J'ai vu quelques soirées ou *tertulias*, elles n'ont rien de remarquable ; on y danse au piano comme en France, mais d'une façon encore plus morne et plus lamentable s'il est possible. Je ne conçois pas que des gens qui dansent si peu, ne prennent pas franchement la résolution de ne pas danser du tout, cela serait plus simple et tout aussi amusant ; la peur d'être accusées de *boléro*, de *fandango* ou de *cachucha*, rend les femmes d'une immobilité parfaite. — Leur costume est très simple, en comparaison de celui des hommes toujours mis comme des gravures de mode. Je fis la même remarque au palais de Villa-Hermosa , à la représentation au bénéfice des enfans-trouvés, *Niños de la cuna*, où se trouvaient la reine-mère, la petite reine et tout ce que Madrid renferme de

beau et grand monde. Des femmes deux fois
duchesses et quatre fois marquises avaient des
toilettes que dédaignerait à Paris une modiste
allant en soirée chez une couturière ; elles ne
savent plus s'habiller à l'espagnole, mais elles
ne savent pas encore s'habiller à la française,
et si elles n'étaient pas si jolies, elles cour-
raient souvent le risque d'être ridicules. Une
fois seulement, à un bal, je vis une femme en
basquine de satin rose, garnie de cinq à six
rangs de blonde noire, comme celle de Fanny
Essler dans le *Diable Boiteux*; mais elle avait
été à Paris où on lui avait révélé le costume
espagnol. — Les *tertullas* ne doivent pas coûter
très cher à ceux qui les donnent. Les rafraî-
chissemens y brillent par leur absence : — ni
thé, ni glaces, ni punch, seulement sur une
table, dans un premier salon, sont disposés
une douzaine de verres d'eau, parfaitement
limpide, avec une assiette d'*azucarillos* ; mais
on passe généralement pour un homme indis-
cret et *sur sa bouche*, comme dirait la madame
Desjardins de Henri Monnier, si l'on poussait le sardanapalisme jusqu'à sucrer son eau :

ceci se passe dans les maisons les plus riches : ce n'est pas par avarice, mais telle est la coutume ; d'ailleurs, la sobriété érémitique des Espagnols s'accommode parfaitement de ce régime.

Quant aux mœurs, ce n'est pas en six semaines que l'on pénètre le caractère d'un peuple et les usages d'une société. Cependant l'on reçoit de la nouveauté une impression qui s'efface pendant un long séjour. Il m'a semblé que les femmes, en Espagne, avaient la haute main et jouissaient d'une plus grande liberté qu'en France. La contenance des hommes vis-à-vis d'elles m'a paru très humble et très soumise ; ils rendent leurs devoirs avec une exactitude et une ponctualité scrupuleuses, et expriment leurs flammes par des vers de toute mesure, rimés, assonans, *sueltos* et autres ; dès l'instant qu'ils ont mis leurs cœurs aux pieds d'une beauté, il ne leur est plus permis de danser qu'avec des trisaïeules. La conversation des femmes de cinquante ans, et d'une laideur constatée, leur est seule accordée. Ils ne peuvent plus faire de visites dans les maisons où il y a une jeune femme : un visiteur

des plus assidus disparait tout à coup et revient
au bout de six mois ou d'un an, sa maîtresse
lui avait défendu cette maison, on le reçoit
comme s'il était venu la veille ; cela est parfaitement admis. Autant que l'on en peut juger à
la première vue, les Espagnoles ne sont pas
capricieuses en amour, et les liaisons qu'elles
forment durent souvent plusieurs années. Au
bout de quelques soirées passées dans une réu-
nion, les couples se discernent aisément et
sont visibles à l'œil nu. Si l'on veut avoir madame ***, il faut inviter M. ***, et réciproquement : les maris sont admirablement civilisés et
valent les maris parisiens les plus débonnaires ;
nulle apparence de cette antique jalousie espagnole, sujet de tant de drames et de mélodra-
mes. Pour achever d'ôter l'illusion, tout le
monde parle français en perfection, et, grâce
à quelques élégans qui passent l'hiver à Paris
et vont dans les coulisses de l'Opéra, le rat le
plus chétif, la marcheuse la plus ignorée, sont
parfaitement connus à Madrid. J'ai trouvé là
ce qui n'existe peut-être en aucun autre lieu
de l'univers, un admirateur passionné de made-

moiselle Fitzjames, dont le nom nous servira de transition pour passer de la tertulla au théâtre.

Le théâtre *del Principe* est d'une distribution assez commode : on y joue des drames, des comédies, des saynètes et des intermèdes. J'y ai vu représenter une pièce de don Antonio Gil y Zarate, *Don Carlos el Heschizado*, charpentée tout-à-fait dans le goût shakspearien. Don Carlos ressemble fort au Louis XIII de Marion de Lorme, et la scène du moine, dans la prison, est imitée de la visite de Claude Frollo à la Esmeralda, dans le cachot où elle attend la mort. Le rôle de Carlos est rempli par Julian Roméa, acteur d'un admirable talent, à qui je ne connais pas de rival, excepté Frédérik Lemaître, dans un genre tout opposé; il est impossible de porter l'illusion et la vérité plus loin; Mathilde Diez est aussi une actrice de premier ordre : elle nuance avec une délicatesse exquise et une finesse d'intention surprenante. Je ne lui trouve qu'un défaut, c'est l'extrême volubilité de son débit, défaut qui n'en est pas un pour les Espagnols. Don Antonio Guzman, le gracioso, ne serait déplacé sur aucune scène ; il rappelle beaucoup Legrand, et, dans certains momens, Arnal. On donne aussi au théâtre *del Principe* des pièces féeriques, entremêlées de danses et de divertissemens. J'y ai vu représenter, sous le titre de *la Pata de Cabra*, une imitation du *Pied de Mouton*, joué autrefois à la Gaité. La partie chorégraphique était singulièrement médiocre : les premiers sujets ne valent pas les simples doublures de l'Opéra ; en revanche, les comparses déploient une intelligence extraordinaire ; le pas des cyclopes est exécuté avec une précision et une netteté rares : quant au *Bayle Nacional*, il n'existe pas. On nous avait dit à Vittoria, à Burgos et à Valladolid, que les bonnes danseuses étaient à Madrid ; à Madrid, l'on nous a dit que les véritables danseuses de cachucha n'existaient qu'en Andalousie, à Séville. — Nous verrons bien ; mais j'ai peur qu'en fait de danses espagnoles, il me faille en revenir à Fanny Essler et aux deux sœurs Noblet. Dolorès Serral, qui a fait une si vive sensation à Paris, où nous avons été un des premiers à signaler l'audace passionnée, la souplesse voluptueuse et la grâce pétulante qui caractérisait sa danse, a paru plusieurs fois sur le théâtre de Madrid sans produire le moindre effet, tellement le sens et l'intelligence des anciens pas nationaux sont perdus en Espagne. Quand on exécute la *Jota aragonesa*, ou le *bolero*, tout le beau monde se lève et s'en va ; il ne reste que les étrangers et la canaille, en qui l'instinct poétique est toujours plus difficile à éteindre. — L'auteur français, le plus en réputation à Madrid, est Frédéric Soulié ; presque tous les drames traduits du français lui sont attribués : il paraît avoir succédé à la vogue de M. Scribe.

Nous voilà au courant de ce côté ; il s'agit d'en finir avec les monumens publics : ce sera bientôt fait. Le palais de la reine est un grand bâtiment, très carré, très solide, en belles pierres bien liées, avec beaucoup de fenêtres, un nombre équivalent de portes, des colonnes ioniques, des pilastres doriques, tout ce qui constitue un monument de bon goût. Les immenses terrasses qui le soutiennent et les montagnes chargées de neige de la Guadarrama sur lesquelles il se découpe, rehaussent ce que sa silhouette pourrait avoir d'ennuyeux et de vulgaire. Vélasquez, Maella, Bayeu, Tiepolo y ont peint de beaux plafonds plus ou moins allégoriques; le grand escalier est très beau, et Napoléon le trouva préférable à celui des Tuileries.

Le bâtiment où se tiennent les cortès est entremêlé de colonnes pœstummiennes et de lions en perruque d'un goût fort abominable : je doute qu'il puisse se faire de bonnes lois dans une architecture pareille ; en face de la chambre des cortès s'élève au milieu de la place une statue en bronze de Miguel Cervantes ; il est louable sans doute d'élever une statue à l'immortel auteur du Don Quichotte, mais on aurait bien dû la faire meilleure.

Le monument aux victimes du *Dos de Maio* est situé sur le Prado non loin du musée de peinture ; en l'apercevant, je me suis cru un instant transporté sur la place de la Concorde à Paris, et je vis, comme dans un mirage fantastique, le vénérable obélisque de Luxor, que jusqu'à présent je n'avais jamais soupçonné de vagabondage ; c'est une espèce de cippe en granit gris, surmonté d'un obélisque de granit rougeâtre assez semblable de ton à celui de l'aiguille égyptienne ; l'effet est assez beau et ne manque pas d'une certaine gravité funèbre. Il est à regretter que l'obélisque ne soit pas d'un seul morceau ; des inscriptions en l'honneur des victimes sont gravées en lettres d'or sur les côtés du socle. Le *Dos de Maio* est un épisode héroïque et glorieux, dont les Espagnols abusent légèrement ; on ne voit partout que des gravures et des tableaux sur ce sujet. Vous n'avez pas de peine à croire que nous n'y sommes pas représentés en beau : on nous a fait aussi affreux que des Prussiens du Cirque-Olympique.

L'Arméria ne répond pas à l'idée que l'on s'en fait. Le musée d'artillerie de Paris est incomparablement plus riche et plus complet. Il y a peu d'armures entières et d'un assemblage authentique à l'Armeria de Madrid. Des casques d'une époque antérieure et postérieure sont placés sur des cuirasses d'un style différent. On donne pour raison de ce désordre que, lors de l'invasion des Français, on cacha dans des

greniers toutes ces curieuses reliques, et que
là elles se confondirent et se mêlèrent sans
qu'il ait été possible ensuite de les réunir et de
les remonter avec certitude. Ainsi il ne faut
en aucune façon se fier aux indications des
gardiens. — On nous fit voir comme étant la
voiture de Jeanne-la-Folle, mère de Charles-
Quint, un carrosse en bois sculpté d'un admi-
ble travail, et qui évidemment ne pouvait remonter plus haut que le règne de Louis XIV.
La carriole de Charles-Quint, avec ses coussins et ses courtines de cuir, nous paraît beaucoup plus vraisemblable. Il y a très peu d'armes moresques : deux ou trois boucliers, quelques yatagans, voilà tout. Ce qu'il y a de plus
curieux, ce sont les selles, brodées, étoilées
d'or et d'argent, écaillées de lames d'acier,
qui sont en grand nombre et de formes bizarres ; mais il n'y a rien de certain sur la date
et sur la personne à laquelle elles ont appar-
tenu. Les Anglais admirent beaucoup une espèce de fiacre triomphal en fer battu offert à
Ferdinand vers 1823 ou 1824.

Indiquons en passant, et pour mémoire,

quelques fontaines d'un *rococo* très corrompu, mais assez amusant ; le pont de Tolède, d'un mauvais goût, très riche et très orné, avec cassolettes, oves et chicorées ; quelques églises bariolées bizarrement et surmontées de clochetons moscovites, et dirigeons-nous vers le Buen-Retiro, résidence royale située à quelques pas du Prado ; nous autres Français qui avons Versailles, Saint-Cloud, qui avons eu Marly, nous sommes difficiles en fait de résidences royales ; le Buen-Retiro nous paraît devoir réaliser le rêve d'un épicier cossu ; c'est un jardin rempli de fleurs communes mais *voyantes*, de petits bassins ornés de rocailles et de bossages vermiculés avec des jets d'eau dans le goût des devantures des marchands de comestibles ; des pièces d'eau verdâtres où flottent des cygnes de bois peints en blanc et vernis, et autres merveilles d'un goût médiocre. Les naturels du pays tombent en extase devant un certain pavillon rustique bâti en rondins, et dont l'intérieur a des prétentions assez indoues ; le premier jardin turc, le jardin turc naïf et patriarcal, avec kiosques vitrés

de carreaux de couleur, par où l'on voyait des
passages bleus, verts et rouges, était bien supérieur comme goût et comme magnificence;
il y a surtout un certain châlet, qui est bien la
chose la plus ridicule et la plus bouffonne que
l'on puisse imaginer. A côté de ce châlet se
trouve une étable garnie d'une chèvre et de
son chevreau empaillés, et d'une truie de pierre
grise tétée par des marcassins de la même
matière. A quelques pas du châlet, le guide se
détache, ouvre mystérieusement la porte, et
quand il vous appelle et vous permet enfin
d'entrer, vous entendez un bruit sourd de
rouages et de contre-poids, et vous vous trouvez face à face avec d'affreux automates qui
battent le beurre, filent au rouet, ou bercent
de leurs pieds de bois des enfans de bois cou-
chés dans leurs berceaux sculptés; dans la
pièce voisine, le grand-père malade et couché
dans son lit, sa potion est à côté de lui sur la
table; l'on a poussé le scrupule jusqu'à poser
sous la couchette une urne indescriptible, mais
fort bien imitée; voilà un résumé fort exact des
principales magnificences du Retiro; une belle

statue équestre en bronze de Philippe V, dont la pose ressemble à la statue de la place des Victoires, relève un peu toutes ces pauvretés.

Nous ne parlerons pas ici du Musée ; nous en ferons l'objet d'un travail particulier ; les bornes d'une lettre ne nous permettent pas de nous y arrêter. Contentons-nous de dire qu'il est d'une richesse extrême : les Titien, les Raphaël, les Paul Véronèse, les Rubens, les Vélasquez, les Ribeira et les Murillo y abondent ; les tableaux sont fort bien éclairés et l'architecture du monument ne manque pas de style, surtout à l'intérieur. La façade qui donne sur le Prado est d'assez mauvais goût ; mais en somme la construction fait honneur à l'architecte Villa Nueva, qui en a donné le plan. Le Musée visité, allez voir au Cabinet d'Histoire naturelle le mastodonte ou dinotherium gigantæum, merveilleux fossile avec des os comme des barres d'airain, qui doit être pour le moins le behemot de la Bible, un morceau d'or vierge qui pèse seize livres, les gongs chinois dont le son, quoi qu'on en dise, ressemble beaucoup à celui des chaudrons dans lesquels on donne un

coup de pied, et une suite de tableaux représentant toutes les variétés qui peuvent naitre du
croisement des races blanches, noires et cui-
vrées. N'oubliez pas à l'Académie trois admirables tableaux de Murillo : la Fondation de Sainte-
Marie-Majeure (deux sujets), sainte Elisabeth
lavant la tête à des teigneux, deux ou trois
admirables Ribeira, une charmante femme en
costume espagnol, couchée sur un divan, du
bon vieux Goya, un enterrement du Greco,
dont quelques portions sont dignes du Titien,
et une esquisse fantastique du même Greco,
représentant des moines en train d'accomplir
des pénitences qui dépassent tout ce que Lewis
ou Anne Radcliff ont pu rêver de plus mystérieusement funèbre. Cela fait, l'on peut prendre des mules ou une voiture, et s'en aller à
l'Escurial ou à Tolède avec le sentiment d'avoir
rempli consciencieusement sa tâche de voyageur.

IX

Pour aller à l'Escurial, nous louâmes une
de ces fantastiques voitures chamarrées d'a-
mours à la grisaille et autres ornemens Pompadour dont nous avons déjà eu occasion de
parler ; le tout attelé de quatre mules et enjolivé d'un zagal assez bien travesti. — L'Escurial est situé à sept ou huit lieues de Madrid,
non loin de Guadarrama, au pied d'une chaîne
de montagnes : on ne peut rien imaginer de

plus aride et de plus désolé que la campagne qu'il faut traverser pour s'y rendre : pas un arbre, pas une maison ; de grandes pentes qui s'enveloppent les unes dans les autres, des ravins desséchés, que la présence de plusieurs ponts désigne comme des lits de torrens, et çà et là une échappée de montagnes bleues coiffées de neige ou de nuages ; ce paysage, tel qu'il est, ne manque cependant pas de grandeur : l'absence de toute végétation donne aux lignes des terrains une sévérité et une franchise extraordinaires ; à mesure que l'on s'éloigne de Madrid, les pierres dont la campagne est constellée deviennent plus grosses et montrent l'ambition d'être des rochers ; ces pierres d'un gris bleuâtre papelonant le sol écaillé font l'effet de verrues sur le dos rugueux d'un crocodille centenaire ; elles découpent mille déchiquetures bizarres sur la silhouette des collines qui ressemblent à des décombres d'édifice gigantesques.

A moitié route, au bout d'une montée assez rude, l'on trouve une pauvre maison isolée, la seule que l'on rencontre dans un espace de huit

lieues, en face d'une fontaine qui filtre goutte à
goutte une eau pure et glaciale ; l'on boit autant de verres d'eau qu'il s'en trouve dans la
source, on laisse souffler les mules, puis l'on se
remet en route ; et vous ne tardez pas à apercevoir, détaché sur le fond vaporeux de la montagne, par un vif rayon du soleil, l'Escurial, ce
Leviathan d'architecture. L'effet de loin est
très beau, on dirait un immense palais orien-
tal. La coupole de pierre et les boules qui ter-
minent toutes les pointes, contribuent beaucoup à cette illusion ; avant d'y arriver, l'on
traverse un grand bois d'oliviers orné de croix
bizarrement juchées sur des quartiers de grosses roches de l'effet le plus pittoresque ; le bois
traversé, vous débouchez dans le village, et
vous vous trouvez face à face avec le colosse,
qui perd beaucoup à être vu de près, comme
tous les colosses de ce monde. La première
chose qui me frappa, ce fut l'immense quantité
d'hirondelles et de martinets qui tournoyaient
dans l'air par essaims innombrables, en poussant des cris aigus et stridens. Ces pauvres petits oiseaux semblaient effrayés du silence de

mort qui régnait dans cette thébaïde, et s'ef-
forçaient d'y jeter un peu de bruit et d'anima-
tion.

Tout le monde sait que l'Escurial fut bâti à
la suite d'un vœu fait par Philippe II au siége
de Saint-Quentin, où il fut obligé de canonner
une église de Saint-Laurent ; il promit au saint
de le dédommager de l'église qu'il lui enlevait
par une autre plus vaste et plus belle, et il a
tenu sa parole mieux que ne la tiennent ordinairement les rois de la terre : l'Escurial com-
mencé par Juan Bautista, terminé par Herrera,
est assurément, après les pyramides d'Egypte,
le plus grand tas de granit qui existe sur la
terre : on le nomme en Espagne la huitième
merveille du monde ; chaque pays à sa huitième merveille, ce qui fait au moins trente
huitièmes merveilles du monde.

Je suis excessivement embarrassé pour dire
mon avis sur l'Escurial. Tant de gens graves
et bien situés, qui, j'aime à le croire, ne l'a-
vaient jamais vu, en ont parlé comme d'un
chef-d'œuvre et d'un suprême effort du génie
humain, que j'aurai l'air, moi pauvre diable de

feuilletoniste errant, de vouloir faire de l'originalité de parti pris et de prendre plaisir à
contrecarrer l'opinion générale; mais pourtant, en mon ame et conscience, je ne puis
m'empêcher de trouver l'Escurial le plus ennuyeux et le plus maussade monument que
puisse rêver, pour la mortification de ses semblables, un moine morose et un tyran soup-
çonneux. Je sais bien que l'Escurial avait une
destination austère et religieuse, mais la gravité n'est pas la sécheresse, la mélancolie
n'est pas le marasme, le recueillement n'est
pas l'ennui, et la beauté des formes peut toujours se marier heureusement à l'élévation de
l'idée.

L'Escurial est disposé en forme de gril, en
l'honneur du gril de saint Laurent. Quatre
tours ou pavillons carrés représentent les pieds
de l'instrument de supplice; des corps de logis relient entre eux ces pavillons, et forment
l'encadrement; d'autres bâtimens transver-
saux simulent les barres du gril; le palais et
l'église sont bâtis dans le manche. Cette invention bizarre, qui a dû gêner beaucoup

l'architecte, ne se saisit pas aisément à l'œil, quoiqu'elle soit très visible sur le plan, et si l'on n'en était pas prévenu, on ne s'en apercevrait assurément pas. Je ne blâme pas cette puérilité symbolique dans le goût du temps, car je suis convaincu qu'une mesure donnée, loin de nuire à un artiste de génie, l'aide, le soutient et lui fait trouver des ressources à quoi il n'aurait pas songé ; mais il me semble qu'on aurait pu en tirer un tout autre parti. Les gens qui aiment le *bon goût et la sobriété* en architecture doivent trouver l'Escurial quelque chose de parfait, car la seule ligne employée est la ligne droite, le seul ordre l'ordre dorique, le plus triste et le plus pauvre de tous.

Une chose qui vous frappe d'abord désagréablement, c'est la couleur jaune terre des murailles que l'on pourrait croire bâties en pisé, si les joints des pierres, marqués par des lignes d'un blanc criard, ne vous démontraient le contraire. Rien n'est plus monotone à voir que ces corps de logis à six ou sept étages, sans moulures, sans pilastres, sans colonnes, avec

leurs petites fenêtres écrasées qui ont l'air de
trous de ruches. — C'est l'idéal de la caserne
et de l'hôpital; le seul mérite de tout cela est
d'être en granit. Mérite perdu, puisqu'à cent
pas de là on peut le prendre pour de la terre à
poêle. — Là dessus est accroupie lourdement
une coupole bossue, que je ne saurais mieux
comparer qu'au dôme du Val-de-Grâce, et qui
n'a d'autre ornement qu'une multitude de
boules de granit. — Tout autour, pour que
rien ne manque à la symétrie, l'on a bâti des
monumens dans le même style, c'est-à-dire
avec beaucoup de petites fenêtres et pas le
moindre ornement; ces corps de logis commu-
niquent entre eux par des galeries en forme
de pont, jetées sur les rues qui conduisent au
village, qui n'est aujourd'hui qu'un monceau
de ruines. — Tous les alentours du monument
sont dallés en granit, et les limites sont marquées par de petits murs de trois pieds de haut,
enjolivés des inévitables boules à chaque angle
et à chaque coupure. — La façade, ne faisant
aucune espèce de saillie sur le corps du monument, ne rompt en rien l'aridité de la ligne et

s'aperçoit à peine quoiqu'elle soit gigantesque.

L'on entre d'abord dans une vaste cour au fond de laquelle s'élève le portail d'une église, qui n'a rien de remarquable que des statues colossales de prophètes, avec des ornements dorés et des figures teintes en rose. Cette cour est dallée, humide et froide ; l'herbe verdit les angles : rien qu'en y mettant le pied, l'ennui vous tombe sur les épaules comme une chape de plomb ; votre cœur se resserre ; il vous semble que tout est fini et que toute joie est morte pour vous. A vingt pas de la porte, vous sentez je ne sais quelle odeur glaciale et fade d'eau bénite et de caveau sépulcral que vous apporte un courant d'air chargé de pleurésies et de catharres. Quoiqu'il fasse au dehors trente degrés de chaleur, votre moelle se fige dans vos os ; il vous semble que jamais la chaleur de la vie ne pourra réchauffer dans vos veines votre sang devenu plus froid que du sang de vipère. Ces murs, impénétrables comme la tombe, ne peuvent laisser filtrer l'air de vivants à travers leurs épaisses parois. Eh bien ! malgré ce froid claustral et moscovite,

la première chose que je vis en entrant dans
l'église fut une Espagnole à genoux sur le
pavé, qui d'une main se donnait des coups de
poing dans la poitrine, et de l'autre s'éventait
avec une ferveur au moins égale ; l'éventail
était je m'en souviens parfaitement, d'un vert
d'eau ou de feuille d'iris qui me fait courir un
frisson dans le dos lorsque j'y pense.

Le cicérone qui nous guida dans l'intérieur
de l'édifice était aveugle, et c'était vraiment
une chose merveilleuse de voir avec quelle précision il s'arrêtait devant les tableaux dont il
nous désignait le sujet et le peintre sans hési-
ter et sans se tromper jamais. Il nous fit monter sur le dôme et nous promena dans une infinité de corridors ascendans et descendans qui
égalent en complications le *Confessionnal des
Pénitens noirs* ou le *Château des Pyrénées*
d'Anne Radcliffe. Ce bonhomme s'appelle Cor-
nelio ; il est de la plus belle humeur du monde,
et paraît tout joyeux de son infirmité.

L'intérieur de l'église est triste et nu. D'é-
normes pilastres gris de souris, d'un granit à
gros grains micacé comme du sel de cuisine,

montent jusqu'aux voûtes peintes à fresque dont les tons azurés et vaporeux se lient mal avec la couleur froide et pauvre de l'architecture : le *retablo* doré et sculpté à l'espagnole avec de fort belles peintures corrige un peu cette aridité de décoration où tout est sacrifié à je ne sais quelle symétrie insipide ; les statues de bronze doré qui sont agenouillées des deux côtés du *retablo*, et qui représentent. je crois. don Carlos et des princesses de la famille royale, sont d'un grand style et d'un bel effet ; le chapitre qui fait face au grand autel est à lui seul une église immense ; les stalles qui l'entourent, au lieu d'être épanouies et fleuries en fantasques arabesques comme celles de Burgos, participent de la rigidité générale, et n'ont pour toute décoration que de simples moulures. On nous fit voir la place où pendant quatorze ans vint s'asseoir le sombre Philippe II, ce roi né pour être grand inquisiteur : c'est la stalle qui occupe l'angle : une porte pratiquée dans l'épaisseur de la boiserie la fait communiquer avec l'intérieur du palais. Sans me piquer d'une dévotion bien fervente, je ne suis jamais

entré dans une cathédrale gothique sans éprou-
ver un sentiment mystérieux et profond, une
émotion extraordinaire, et sans la crainte vague de rencontrer au détour d'un faisceau de
piliers le Père éternel lui-même avec sa longue
barbe d'argent, son manteau de pourpre et sa
robe d'azur, recueillant dans le pan de sa tu-
nique les prières des fidèles. — Dans l'église
de l'Escurial on est tellement abattu, écrasé,
on se sent si bien sous la domination d'un
pouvoir inflexible et morne, que l'inutilité de
la prière vous est démontrée. Le dieu d'un
temple ainsi fait ne se laissera jamais fléchir.

Après avoir visité l'église, nous descendîmes
dans le Panthéon. On appelle ainsi le caveau
où sont déposés le corps des rois ; c'est une
pièce octogone de 36 pieds de diamètre sur 38
de haut, située précisément sous le maître-
autel, de manière que le prêtre, en disant la
messe, a les pieds sur la pierre qui forme la
clef de voûte ; on y descend par un escalier de
granit et de marbre de couleur, fermé par une
belle grille de bronze. Le Panthéon est revêtu
entièrement de jaspe, de porphyre et autres

marbres non moins précieux. Dans les murailles sont pratiquées des niches avec des cippes de forme antique destinées à contenir le corps des rois et des reines qui ont laissé succession; il fait dans ce caveau un froid pénétrant et mortel; les marbres polis miroitent et se glacent de reflets aux rayons tremblotans de la torche; on dirait qu'ils ruissellent d'eau, et l'on pourrait se croire dans une grotte sous-marine. Le monstrueux édifice pèse sur vous de tout son poids; il vous entoure, il vous enlace et vous étouffe; vous vous sentez pris comme dans les tentacules d'un gigantesque polype de granit. Les morts que renferment les urnes sépulcrales paraissent plus morts que tous les autres, et l'on a peine à croire qu'ils puissent jamais venir à bout de ressusciter. Là, comme dans l'église, l'impression est sinistre, désespérée; il n'y a pas à toutes ces voûtes mornes un seul trou par où l'on puisse voir le ciel.

Dans la sacristie il reste encore quelques bons tableaux (les meilleurs ont été transférés au musée royal de Madrid), entre autres deux ou trois tableaux sur bois de l'école allemande d'une rare perfection : le plafond du grand escalier est peint à fresque par Luca Jordano, et représente d'une manière allégorique le vœu de Philippe II et la fondation du couvent ; ce que ce Luc Jordan a peint d'arpens de murailles en Espagne est vraiment prodigieux, et nous avons peine à concevoir la possibilité de pareils travaux, nous autres modernes, déjà essoufflés au milieu de la tâche la plus courte; Pelegrini, Luca, Gangiaso, Carducho, Romulo Cincinnato et plusieurs autres ont peint à l'Escurial des cloîtres, des voûtes et des plafonds. Celui de la bibliothèque, qui est de Carducho et de Pelegrini, est d'un bon ton de fresque clair et lumineux ; la composition en est riche, et les arabesques qui s'y entrelacent sont du meilleur goût. La bibliothèque de l'Escurial présente cette particularité que les livres sont rangés sur le rayon le dos contre le mur et la tranche du côté du spectateur ; j'ignore la raison de cette bizarrerie. Elle est riche surtout en manuscrits arabes et doit renfermer des trésors inestimables et complètement inconnus. Aujourd'hui que la conquête d'Afrique a fait de l'arabe une langue à la mode et courante, il faut espérer que cette riche mine sera fouillée dans tous les sens par nos jeunes orientalistes; les autres livres m'ont paru être en général des livres de théologie et de philosophie scolastique. On nous fit voir quelques manuscrits sur vélin avec marges historiées et miniaturées, mais comme c'était le dimanche et que le bibliothécaire était absent, nous ne pûmes en obtenir davantage, et il fallut nous en aller sans avoir vu une seule édition *incunable*, désagrément beaucoup plus sensible pour mon compagnon que pour moi, qui malheureusement n'ai pas la passion de la bibliographie ni aucune autre.

Dans un des corridors est placé un Christ de marbre blanc de grandeur naturelle, attribué à Benvenuto Cellini, et quelques peintures fantastiques très singulières, dans le goût des tentations de Callot et de Teniers, mais beaucoup plus anciennes. Du reste, on ne peut rien imaginer de plus monotone que ces interminables corridors de granit gris, étroits et bas, qui circulent dans l'édifice, comme des veines dans le corps humain ; il faut vraiment être aveugle pour s'y retrouver ; on monte, on descend, on fait mille détours, et il ne faudrait pas s'y promener plus de trois ou quatre heures pour user entièrement la semelle de ses souliers, car ce granit est âpre comme une lime et revêche comme du papier de verre. Lorsque l'on est sur le dôme, on voit que les boules, qui d'en bas paraissent grosses comme des grelots, sont d'une dimension énorme, et pourraient faire de monstrueuses mappemondes. — Un immense horizon se déroule à vos pieds, et vous embrassez d'un seul coup d'œil la campagne montueuse qui vous sépare de Madrid, — de l'autre côté, se dressent les montagnes de Guadarrama : vous voyez ainsi toute la disposition du monument ; vous plongez dans les cours et dans les cloîtres avec leurs rangs d'arcades superposées, leur fontaine ou leur pavillon central ; les toits se présentent en dos d'âne, comme dans un plan à vol d'oiseau.

A l'époque de notre ascension au dôme il y avait sur le bout d'une cheminée, dans un grand nid de paille, semblable à un turban renversé, une cigogne avec ses trois petits ; cette intéressante famille faisait le profil le plus bizarre du monde ; la mère était debout sur une patte au milieu du nid, le cou enfoncé dans les épaules, le bec majestueusement posé sur le jabot, comme un philosophe en méditation ; les petits tendaient leur long bec et leur long cou pour demander leur pâture : j'espérais être témoin d'une de ces scènes sentimentales de l'histoire naturelle, où l'on voit le grand pélican blanc qui se saigne le flanc pour donner à téter à ses petits enfans ; mais la cigogne semblait s'émouvoir fort peu de ses démonstrations faméliques et ne bougeait non plus que la cigogne gravée sur bois qui orne le frontispice des livres mis en lumière par Cramoisi ; ce groupe mélancolique ajoutait encore à la solitude profonde du lieu et donnait une teinte égyptienne à cet entassement pharaonien. — En redescendant nous vîmes le jardin où il y a plus d'architecture que de végétation ; ce sont de grandes terrasses et des parterres de buis taillé qui représentent des dessins pareils à des ramages de vieux damas, avec quelques fontaines et quelques pièces d'eau verdâtre ; un jardin ennuyeux et solennel empesé comme une Golilla et tout-à-fait digne du bâtiment morose qu'il accompagne.

Il y a, dit-on, 1,110 fenêtres seulement à l'extérieur, ce qui cause un grand étonnement aux bourgeois ; je ne les ai pas comptées, aimant mieux le croire que de me livrer à un pareil travail ; mais il n'y a là rien d'improbable, car je n'ai jamais vu tant de fenêtres ensemble ; le nombre des portes est également fabuleux.

Je sortis de ce désert de granit, de cette monacale nécropole avec un sentiment de satisfaction et d'allégement extraordinaire ; il me semblait que je renaissais à la vie et que je pourrais encore être jeune et me réjouir dans la création du bon Dieu, ce dont j'avais perdu tout espoir sous ces voûtes funèbres. L'air tiède et lumineux m'enveloppait comme une moelleuse étoffe de laine fine et réchauffait mon corps glacé par cette atmosphère cadavéreuse ; j'étais délivré de ce cauchemar architectural

que je croyais ne devoir jamais finir. — Je con-
seille aux gens qui ont la fatuité de prétendre
qu'ils s'ennuient d'aller passer trois ou quatre
jours à l'Escurial, ils apprendront là ce que
c'est que le véritable ennui, et ils s'amuseront
tout le reste de leur vie en pensant qu'ils pourraient être à l'Escurial et qu'ils n'y sont pas.

Quand nous revînmes à Madrid, ce fut parmi les gens un étonnement heureux de nous
voir encore vivans. Peu de personnes reviennent de l'Escurial ; on y meurt de consomption
en deux ou trois jours, ou l'on s'y brûle la cervelle, pour peu qu'on soit Anglais. Heureusement nous sommes de tempérament robuste,
et, comme Napoléon disait du boulet qui devait l'emporter, le monument qui doit nous
tuer n'est pas encore bâti. — Une chose qui
ne causa pas une moindre surprise, ce fut de
voir que nous rapportions nos montres ; car
en Espagne il y a toujours sur les routes des
gens très curieux de savoir l'heure, et comme
il n'y a là ni horloge ni cadran solaire, ils sont
bien forcés de consulter les montres des voyageurs. A propos de voleurs, plaçons ici une

histoire dont nous avons bien failli être les héros. La diligence de Madrid à Séville, dans laquelle nous devions partir, et où il n'y avait plus de place, fut arrêtée dans la Manche par une bande de factieux ou de voleurs, ce qui est la même chose ; les voleurs se divisaient le butin et se disposaient à emmener les prisonniers dans la montagne pour se faire payer une rançon par les familles (ne dirait-on pas que ceci se passe en Afrique?) Lorsqu'il survint une autre bande plus nombreuse qui rossa la première, lui *vola* ses prisonniers et les emmèna définitivement dans la montagne.

Chemin faisant, l'un des voyageurs tire d'une poche qu'on avait oublié de fouiller, sa boîte de cigare, en prend un, bat le briquet et l'allume! Voulez-vous un cigare? dit-il au bandit avec toute la politesse castillane, ils sont de la Havanne. — *Con mucho gusto,* répond le bandit flatté de cette attention ; et voilà le voyageur et le brigand, cigare contre cigare, aspirant et poussant des bouffées pour s'allumer plus vite. La conversation s'engagea, et de fil en aiguille, le voleur en vint, comme tous les négocians, à se plaindre de son commerce ; les temps étaient durs, les affaires n'allaient pas, beaucoup d'honnêtes gens s'en mêlaient et gâtaient le métier ; on faisait queue pour détrousser ses pauvres diligences, et souvent trois ou quatre bandes étaient obligées de se disputer les dépouilles de la même galère et du même convoi de mules, — Ensuite les voyageurs, certains d'être pillés, n'emportaient que le strict nécessaire et mettaient leur plus mauvais habits. — Tenez, dit-il avec un geste de mélancolie et de découragement, en montrant son manteau tout usé et tout rapiécé, qui aurait mérité d'envelopper la probité même, n'est-il pas honteux d'être forcé de voler de pareilles guenilles ? Ma veste n'est-elle pas des plus vertueuses, le plus honnête homme de la terre serait-il plus mal habillé ? — Nous emmenons bien les voyageurs en otage, mais les parens d'aujourd'hui ont le cœur si dur, qu'ils ne peuvent se résoudre à délier les cordons de la bourse, nous en sommes pour nos frais de nourriture, et au bout d'un ou deux mois il nous en coûte encore une charge de poudre et

de plomb pour casser la tête à nos prisonniers ;
ce qui est toujours désagréable quand on s'est
habitué aux personnes ; pour cela il faut dormir par terre, manger des glands qui ne sont
pas toujours doux, boire de la neige fondue,
faire des trajets immenses dans des chemins
abominables, et risquer sa peau à chaque instant. — Ainsi parlait ce brave bandit, plus dé-
goûté de son métier qu'un journaliste parisien
quand arrive son tour de feuilleton. — Eh pourquoi ! dit le voyageur, si votre métier vous déplaît et vous rapporte si peu, n'en faites-vous
pas un autre ? — J'y ai bien songé et mes camarades pensent comme moi ; mais comment
voulez-vous faire, nous sommes traqués, pour-
suivis, on nous fusillerait comme des chiens si
nous approchions de quelque village ; il faut
bien continuer le même train de vie. — Le
voyageur qui était un homme d'une certaine
influence, resta un moment pensif. — De sorte
que vous quitteriez volontiers votre état si l'on
vous recevait à *indulto* (si l'on vous amnistiait).
, — Certainement, répondit toute la bande ;
croyez-vous que cela soit si amusant d'être vo-

leur ? Il faut travailler comme des nègres et avoir un mal de chien. Nous aimons tout autant être honnêtes — Eh bien ! reprit le voyageur, je me charge d'obtenir votre grâce, à la condition que vous nous rendrez la liberté. — Ainsi soit fait comme il est dit : allez à Madrid; voilà un cheval et de l'argent pour faire la route, et un sauf-conduit pour que les camarades vous laissent passer. Revenez vite; nous vous attendons à tel endroit avec vos compagnons, que nous traiterons de notre mieux. — L'homme va à Madrid, obtient que les bandits seront reçus à *indulto*, et retourne pour aller chercher ses camarades d'infortune ; il les trouve tranquillement assis avec les brigands mangeant un jambon de la Manche cuit au sucre, et donnant de fréquentes accolades à une outre de Val de Peñas que l'on avait volée exprès pour eux, attention délicate ! — Ils chantaient et se divertissaient fort, et avaient plus envie de se faire voleurs comme les autres que de retourner à Madrid ; mais le chef de la bande leur fit une morale sévère qui les rappela à eux-mêmes, et toute la troupe se mit en marche bras dessus bras dessous pour la ville, où voyageurs et voleurs furent reçus avec enthousiasme, car des brigands pris par la diligence sont quelque chose de vraiment rare et curieux.

X

Nous avions épuisé les curiosités de Madrid, nous avions vu le palais, l'*Armeria*, le *Buen-Retiro*, le musée et l'académie de peinture, le théâtre *del Principe*, la *plaza de Toros*; nous nous étions promenés sur le Prado, depuis la fontaine de Cybèle jusqu'à la fontaine de Neptune, et l'ennui commençait légèrement à nous envahir. Aussi, malgré une température de trente degrés et toutes sortes d'histoires horripilantes sur les factieux et les *rateros*, nous nous mîmes bravement en route pour Tolède, la ville des belles épées et des dagues romantiques.

Tolède est une des plus anciennes villes non seulement de l'Espagne, mais de l'univers entier, s'il faut en croire les chroniqueurs. Les plus modérés placent l'époque de sa fondation avant le déluge (pourquoi pas sous les rois préadamites, quelques années avant la création du monde?) Les uns attribuent l'honneur d'avoir posé sa première pierre à Tubal, les autres aux Grecs ; ceux-ci à Telmon et Brutus, consuls romains; ceux-là aux Juifs, qui entrèrent en Espagne avec Nabuchodonosor, s'appuyant sur l'étymologie de Tolède, qui vient de *Toledoth*, mot hébreu signifiant générations, parce que les douze tribus avaient contribué à la bâtir et à la peupler.

Quoi qu'il en soit, Tolède est très certainement une admirable vieille ville, située à une douzaine de lieues de Madrid, des lieues d'Espagne bien entendu, qui sont plus longues qu'un feuilleton de neuf colonnes ou qu'un jour

sans argent, les deux plus longues choses que
nous connaissions. On y va soit en calessine,
soit dans une petite diligence qui part deux
fois par semaine ; on préfère ce dernier moyen
comme plus sûr, car au delà des monts, comme
autrefois en France, on fait son testament
pour le moindre voyage. Cette terreur des brigands doit être exagérée, car, dans un très
long pèlerinage à travers les provinces réputées les plus dangereuses, nous n'avons jamais
rien vu qui pût justifier cette panique. Néan-
moins, cette crainte ajoute beaucoup au plaisir, elle vous tient en éveil et vous préserve de
l'ennui : vous faites une action héroïque, vous
déployez une valeur surhumaine ; l'air inquiet
et effrayé de ceux qui restent vous rehausse à
vos propres yeux. Une course en diligence, la
chose la plus vulgaire qui soit au monde, devient une aventure, une expédition ; vous par-
tez, il est vrai, mais vous n'êtes pas sûr d'arriver ou de revenir. C'est quelque chose dans
une civilisation si avancée que celle des temps
modernes, en cette prosaïque et malencon-
treuse année 1840.

On sort de Madrid par la porte et le pont de Tolède, tout orné de pots à feu, de volutes, de statues, de chicorées d'un goût médiocre, et cependant d'un assez majestueux effet; on laisse à droite le village de Caramanchel, où Ruy-Blas allait chercher, pour Marie de Neubourg, *la petite fleur bleue d'Allemagne* (Ruy-Blas ne trouverait pas aujourd'hui le moindre *vergiss-mein-nicht* dans ce hameau de liége, bâti sur un sol de pierre ponce), et l'on s'engage, par un chemin détestable, dans une interminable plaine poussièreuse, toute couverte de blés et de seigles dont le jaune pâle ajoute encore à la monotonie du paysage. Quelques croix de mauvaise augure qui étirent çà et là leurs bras décharnés, quelques pointes de clochers qui révèlent au loin un bourg inaperçu, quelque lit de ravin desséché traversé par une arcade de pierre, sont les seuls accidens qui se présentent. De temps à autre, l'on rencontre un paysan sur son mulet, la carabine au côté; un *muchacho* chassant devant lui deux ou trois ânes chargés de jarres ou de paille hachée, retenue par des cordelettes; une pau-

vre femme hâve et brûlée par le soleil, traînant un marmot à l'air farouche, et puis c'est
tout.

A mesure que nous avancions, le paysage
devenait plus aride et plus désert, et ce ne fut
pas sans un sentiment de satisfaction intérieure que nous aperçûmes, sur un pont de
pierre sèche, les cinq chasseurs verts à cheval qui devaient nous servir d'escorte, car il
faut une escorte pour aller de Madrid à Tolède.
Ne dirait-on pas que l'on est en pleine Algérie,
et que Madrid est entouré d'une Mitidjà peuplée de Bédouins?

On s'arrête pour déjeûner à Illescas, ville
ou bourg, nous ne savons trop lequel, où l'on
voit quelques traces d'anciennes constructions moresques, et dont les maisons ont des
fenêtres grillées de serrurerie compliquée et
surmontées de croix.

Ce déjeûné se compose d'une soupe à l'ail
et aux œufs, de l'inévitable *tortilla* aux tomates, d'amandes grillées et d'oranges, le tout
arrosé d'un vin de Val de Peñas assez bon,
quoique épais à couper au couteau, empoison

nant la poix et couleur de sirop de mûres. La
cuisine n'est pas le côté brillant de l'Espagne, et les hôtelleries n'ont] pas été sensible-
ment améliorées depuis don Quixote ; les peintures d'omelettes emplumées, de merluches
coriaces, d'huile rance et de pois chiches pouvant servir de balles pour les fusils, sont
encore de la plus exacte vérité ; mais, par
exemple, je ne sais pas où l'on trouverait
aujourd'hui les belles poulardes et les oies
monstrueuses des noces de Gamache.

A partir d'Illescas, le terrain devient plus
accidenté, et il résulte de là une route encore
plus abominable ; ce ne sont que fondrières et
casse-cou. Cela n'empêche pas que l'on aille
grand train ; les postillons espagnols sont
comme les cochers morlaques, ils se soucient
assez peu de ce qui se passe derrière eux, et,
pourvu qu'ils arrivent, ne fût-ce qu'avec le ti-
mon et les petites roues de devant, ils sont satisfaits. Cependant nous parvînmes à notre
destination sans encombre, au milieu du nuage
de poudre soulevé par nos mules et les chevaux des chasseurs, et nous fîmes notre entrée

dans Tolède, haletans de curiosité et de soif,
par une magnifique porte arabe, à l'arc élégamment évasé, aux piliers de granit surmontés de boules, et chamarrés de versets de l'Al-
coran ; cette porte s'appelle *la puerta del Sol* ;
elle est rousse, cuite et confite de ton, comme
une orange de Portugal, et se profile admirablement sur la limpidité d'un ciel de lapis-
lazuli. Dans nos climats brumeux, l'on ne peut
réellement pas se faire une idée de cette violence de couleur et de cette âpreté de contour,
et les peintures qu'on en rapportera semble-
ront toujours exagérées.

Après avoir passé *la puerta del Sol*, l'on se
trouve sur une espèce de terrasse d'où l'on
jouit d'une vue fort étendue ; l'on découvre la
Vega pommelée et zébrée d'arbres et de cultures qui doivent leur fraîcheur au système
d'irrigation introduit par les Mores. Le Tage,
traversé par le pont Saint-Martin et le pont
d'Alcantara, roule avec rapidité ses flots jaunâtres, et entoure presque entièrement la ville
dans un de ses replis. Au bas de la terrasse pa-
pillotent aux yeux les toits bruns et luisans

des maisons, et les clochers des couvens et des églises, à carreaux de faïence verte et blanche disposés en damier; au delà l'on aperçoit les collines rouges et les escarpemens décharnés qui forment l'horizon de Tolède. Cette vue a cela de particulier, qu'elle est entièrement privée d'air ambiant et de ce brouillard qui, chez nous, baigne toujours les larges perspectives; la transparence de l'atmosphère laisse toute leur netteté aux lignes, et permet de discerner le moindre détail à des distances considérables.

Nos malles visitées, nous n'eûmes rien de plus pressé que de chercher une *fonda* ou un *parador* quelconque, car les œufs d'Illescas étaient déjà bien loin; on nous conduisit par des ruelles si resserrées, que deux ânes chargés n'y eussent point passé de front, à la *Fonda del Caballero*, un des plus confortables endroits de la ville. Là, réunissant le peu d'espagnol que nous savions, et nous aidant d'une pantomime pathétique, nous parvînmes à faire comprendre à l'hôtesse, douce et charmante femme, de l'air le plus intéressant et le plus distingué, que nous mourions de faim, chose

qui paraît toujours étonner beaucoup les naturels du pays, qui vivent d'air et de soleil, à la
mode économique des caméléons.

Toute la marmitonnerie se mit en l'air, l'on
approcha du feu les innombrables petits pots
où se distillent et se subliment les ragoûts épi-
cés de la cuisine espagnole, et l'on nous promit
un dîné au bout d'une heure. Nous profitâmes
de cette heure pour examiner la *Fonda* plus en
détail.

C'était un beau bâtiment, quelque ancien
hôtel sans doute, avec une cour intérieure dallée de marbres de couleur formant mosaïque,
ornée de puits de marbre blanc et d'auges revêtues de carreaux de faïence pour laver les
verres et les jattes.

Cette cour se nomme *patio*; elle est habituellement entourée de colonnes et d'arcades,
avec un jet d'eau dans le milieu. Un *tendido* de
toile, qu'on replie le soir, afin de laisser péné-
trer la fraîcheur nocturne, sert de plafond à
cette espèce de salon retourné. Tout autour
circule, à la hauteur du premier étage, un balcon de fer élégamment travaillé, sur lequel

s'ouvrent les fenétres et les portes des appartemens, où l'on n'entre que pour s'habiller,
diner ou faire la sieste. Le reste du temps, l'on
se tient dans cette cour-salon, où l'on descend
les tableaux, les chaises, les canapés, le piano,
et que l'on enjolive de pots de fleurs et de
caisses d'orangers.

Notre inspection était à peine achevée, que
la Cœlestina (fille d'auberge fantasque et bizarre) vint nous dire, tout en fredonnant sa
chanson, que nous étions servis. Le diné était
assez passable : côtelettes, œufs aux tomates,
poulets frits à l'huile, truites du Tage, avec
une bouteille de Peralta, vin chaud et liquo-
reux, parfumé d'un certain petit goût muscat
qui n'est pas désagréable.

Notre repas achevé, nous nous répandimes à
travers la ville, précédés d'un guide, barbier
de son état, et promeneur de touristes à ses
momens perdus.

Les rues de Tolède sont extrêmement étroites ; l'on pourrait se donner la main d'une fenêtre à l'autre, et rien né serait plus facile que
d'enjamber les balcons, si de fort belles grilles

et de charmans barreaux de cette riche serrurerie dont on est si prodigue par-delà les
monts n'y mettaient bon ordre et n'empê-
chaient les familiarités aériennes. Ce peu de
largeur ferait jeter les hauts cris à tous les partisans de la civilisation, qui ne rêvent que
places immenses, vastes squares, rues démesu-
rées et autres embellissemens plus ou moins
progressifs; pourtant rien n'est plus raisonnable que des rues étroites sous un climat torride, et les architectes, qui font de si larges
trouées dans le massif d'Alger, s'en aperce-
vront bientôt. Au fond de ces minces coupures
faites à propos aux pâtés et aux îles de maisons,
l'on jouit d'une ombre et d'une fraîcheur délicieuses, l'on circule à couvert dans les ramifi-
cations et les porosités de ce polypier humain,
que l'on appelle une ville; les cuillerées de
plomb fondu que Phœbus Apollon verse du
haut du ciel aux heures de midi ne vous attei-
gnent jamais; les saillies des toits vous servent de parasol.

Si par malheur vous êtes obligé de passer
par quelque *plazuela*, ou *calle ancha* exposée

aux rayons caniculaires, vous apprécierez bien
vite la sagesse des aïeux qui ne sacrifiaient pas
tout à je ne sais quelle régularité stupide ; les
dalles sont comme ces plaques de tôle rouge
sur lesquelles les bateleurs font danser la cra-
covienne aux oies et aux dindons ; les malheureux chiens, qui n'ont ni souliers ni *alpargatas*, les traversent au galop et en poussant des
hurlemens plaintifs. Si vous soulevez le marteau d'une porte, vous vous brûlez les doigts ;
vous sentez votre cervelle bouillir dans votre
crâne comme une marmite sur le feu ; votre
nez se cardinalise, vos mains se gantent de
hâle, vous vous évaporez en sueur. Voilà à
quoi servent les grandes places et les rues larges. Tous ceux qui auront passé entre midi
et deux heures dans la rue d'Alcala à Madrid
seront de mon avis. En outre, pour avoir des
rues spacieuses, l'on rétrécit les maisons, et le
contraire me paraît plus raisonnable. Il est
bien entendu que cette observation ne s'appli-
que qu'aux pays chauds où il ne pleut jamais,
où la boue est chimérique et où les voitures
sont extrêmement rares. Des rues étroites

dans nos climats pluvieux seraient d'abominables sentines. En Espagne, les femmes sortent
à pied, en souliers de satin noir, et font ainsi de
longues courses ; en quoi je les admire, et surtout à Tolède, où le pavé est composé de petits
cailloux polis, luisans, aigus, qui semblent
avoir été placés avec soin du côté le plus tran-
chant ; mais leurs petits pieds cambrés et ner-
veux sont durs comme des sabots de gazelle,
et elles courent le plus gaiment du monde sur
ce pavé taillé en pointe de diamant qui fait
crier d'angoisse le voyageur accoutumé aux
mollesses de l'asphalte Seyssel et aux élasti-
cités du bitume Polonceau.

Les maisons de Tolède présentent un aspect
imposant et sévère ; elles ont peu de fenétres
sur la façade, et ces fenétres sont habituellement grillées. Les portes, ornées de piliers de
granit bleuâtre, surmontées de boules, décoration qui se reproduit fréquemment, ont un air
de solidité et d'épaisseur auquel ajoutent encore des constellations de clous énormes. Cela
tient à la fois du couvent, de la prison, de la
forteresse, et aussi un peu du harem, car les

Mores ont passé par là. Quelques unes de ces maisons, par un contraste assez bizarre, sont enluminées et peintes extérieurement, soit à fresque, soit en détrempe, de faux bas-reliefs, de grisailles, de fleurs, de rocailles et de guirlandes, avec des cassolettes, des médaillons, des amours et tout le fatras mythologique du dernier siècle. Ces maisons *trumeau* et *Pompadour* produisent l'effet le plus étrange et le plus bouffon parmi leurs sœurs renfrognées d'origine féodale ou moresque.

L'on nous conduisit à travers un inextricable réseau de petites ruelles, où mon compagnon et moi nous marchions l'un derrière l'autre, comme les oies de la ballade, faute d'espace pour nous donner le bras, à l'Alcazar, situé en manière d'acropole sur le haut point de la ville, et nous y entrâmes après quelques pourparlers, car le premier mouvement des gens à qui l'on s'adresse est toujours de refuser, quelle que soit la demande : « Revenez ce soir ou demain, le gardien fait la sieste, les clefs sont égarées, il faut une permission du gouverneur. » Telles sont les réponses que l'on obtient d'abord ; mais en exhibant la sacro-sainte piécette, ou le rayonnant *douro* en cas d'extrêmes difficultés, on finit toujours bien par forcer la consigne.

Cet Alcazar, bâti sur les ruines de l'ancien palais more, est aujourd'hui tout en ruines lui-même ; on dirait un des merveilleux rêves d'architecture que Piranèse poursuivait dans ses magnifiques eaux-fortes ; il est de Covarrubias, artiste peu connu, bien supérieur à ce lourd et pesant Herrera, dont la renommée est de beaucoup surfaite.

La façade, ornée et fleurie des plus pures arabesques de la renaissance, est un chef-d'œuvre d'élégance et de noblesse. L'ardent soleil d'Espagne, qui rougit le marbre et donne à la pierre des tons de safran, l'a revêtue d'une robe de couleurs riches et vigoureuses, bien différentes de la lèpre noire dont les siècles encroûtent nos vieux édifices. Selon l'expression d'un grand poète, le temps a passé son pouce intelligent sur les arêtes du marbre, sur les contours trop rigides, et donné à cette sculpture déjà si souple et si moelleuse le suprème poli et le dernier achèvement. Je me souviens surtout d'un grand escalier d'une élégance féerique, avec des colonnes, des rampes et des marches de marbre déjà à moitié rompues, conduisant à une porte qui donne sur un abime, car cette partie de l'édifice est écroulée. Cet admirable escalier, qu'un roi pourrait habiter et qui n'aboutit à rien, a quelque chose de prestigieux et de singulier.

L'Alcazar est bâti sur une grande esplanade entourée de remparts crénelés à la mode orientale, du haut desquels on découvre une vue immense, un panorama vraiment magique : ici la cathédrale enfonce au cœur du ciel sa flèche démesurée ; plus loin brille, dans un rayon de soleil, l'église de *San Juan de los Reyes* ; le pont d'Alcantara, avec sa porte en forme de tour, enjambe le Tage de ses arches hardies ; l'*Artificio* de Juanello encombre le fleuve de ses superpositions d'arcades de briques rouges qu'on prendrait pour des débris de constructions romaines, et les tours massives du *Castillo* de Cervantès (ce Cervantès n'a rien de commun avec l'auteur de *don Quixote*), perchées sur les roches rugueuses et difformes qui bordent le fleuve, ajoutent une dentelure de plus à l'horizon déjà si profondément découpé par les crêtes vertébrées des montagnes.

Un admirable coucher de soleil complétait le tableau : le ciel, par des dégradations insensibles, passait du rouge le plus vif à l'orange, puis au citron pâle, pour arriver à un bleu bizarre couleur de turquoise verdie, qui se fondait lui-même à l'occident dans les *teintes* lilas de la nuit, dont l'ombre refroidissait déjà tout ce côté.

Accoudé à l'embrasure d'un créneau et regardant à vol d'hirondelle cette ville où je ne connaissais personne, où mon nom était parfaitement inconnu, j'étais tombé dans une méditation profonde. Devant tous ces objets, toutes ces formes, que je voyais et que je ne devais probablement plus revoir, il me prenait des doutes sur ma propre identité, je me sentais si absent de moi-même, transporté si loin de ma sphère, que tout cela me paraissait une hallucination, un rêve étrange dont j'allais me réveiller en sursaut au son aigre et chevrotant de quelque musique de vaudeville sur le rebord d'une loge de théâtre. Par un de ces sauts d'idée si fréquens dans la rêverie, je pensai à ce que pouvaient faire mes amis à cette heure, je me demandai s'ils s'apercevaient de mon absence, et si, par hasard, en ce moment même où j'étais penché sur ce créneau dans l'Alcazar de Tolède, mon nom voltigeait à Paris sur quelque bouche aimée et fidèle. Apparemment la réponse intérieure ne fut pas affirmative, car, malgré la magnificence du spectacle, je me sentis l'ame envahie par une tristesse incommensurable, et pourtant j'accomplissais le rêve de toute ma vie, je touchais du doigt un de mes désirs les plus ardemment caressés : j'avais assez parlé, en mes belles et verdoyantes années de romantisme, de ma bonne lame de Tolède pour être curieux de voir l'endroit où l'on en fabriquait.

Il ne fallut rien moins, pour me tirer de ma méditation philosophique, que la proposition que me fit mon camarade de nous aller baigner dans le Tage. Se baigner est une particularité assez rare dans un pays où l'été l'on arrose le lit des rivières avec l'eau des puits, pour ne point en négliger l'occasion. Sur l'affirmation du guide que le Tage était un fleuve sérieux et pourvu d'assez d'humidité pour y tirer sa coupe, nous descendîmes en toute hâte de l'Alcazar, afin de profiter d'un reste de jour, et nous nous dirigeâmes du côté du fleuve. Après avoir traversé la place de la *Constitucion*, bordée de maisons dont les fenêtres, garnies de grands stores de sparterie roulés ou relevés à demi par les saillies des balcons, ont un faux air vénitien et moyen-âge des plus pittoresques, nous passâmes sous une belle porte arabe au cintre de briques, et nous arrivâmes par un chemin en zigzag très raide et très abrupt, serpentant le long des rochers et des murailles qui servent de ceinture à Tolède, au pont d'Alcantara, près duquel se trouvait une place favorable pour le bain.

Pendant le trajet, la nuit, qui succède si rapidement au jour dans les climats du midi, était tombée tout-à-fait, ce qui ne nous empêcha pas d'entrer à tâtons dans cet estimable fleuve, rendu célèbre par la romance langoureuse de la reine Hortense et par le sable d'or qu'il roule dans ses eaux cristallines, disent les poètes, les domestiques de place et les guides du voyageur.

Le bain achevé, nous remontâmes en toute hâte pour arriver avant la fermeture des portes. Nous savourâmes un verre d'*orchata de Chufas* et de lait glacé d'un goût et d'un parfum exquis, et nous nous fîmes reconduire à notre *fonda*.

Notre chambre, comme toutes les chambres espagnoles, était crépie à la chaux et revêtue de ces tableaux encroûtés et jaunis, de ces barbouillages mystiques peints comme des enseignes à bière, qu'on rencontre si fréquemment dans la Péninsule, le pays du monde où il y a le plus de mauvais tableaux ; cela soit dit sans faire tort aux bons.

Nous nous dépêchâmes de dormir le plus vite et le plus fort possible, pour nous réveiller le matin de bonne heure et aller visiter la cathédrale avant le commencement des offices.

La cathédrale de Tolède passe, et avec raison, pour une des plus belles et surtout des plus riches d'Espagne. Son origine se perd dans la nuit des temps, et, s'il faut en croire les auteurs indigènes, elle remonterait jusqu'à l'apôtre *San Iago*, premier évêque de Tolède, qui en aurait désigné la place à son disciple et successeur Elpidius, ermite du mont Carmel. Elpidius éleva à l'endroit marqué une église qu'il mit sous l'invocation et le titre de Sainte-Marie, — pendant que cette dame divine vivait encore en Jérusalem. — Notable félicité! blason illustre des Tolédans! le plus excellent trophée de leurs gloires! s'écrie dans une effusion lyrique l'auteur dont nous extrayons ces détails.

La sainte Vierge ne fut pas ingrate, et, suivant la même légende, descendit en corps et ame visiter l'église de Tolède, et apporta de ses propres mains au bienheureux saint Ildefonse une belle chasuble *en toile du ciel.* « Voyez comme sait payer cette reine! » s'écrie encore notre auteur. La chasuble existe, et l'on voit enchâssée dans le mur la pierre où se posa la plante divine, dont elle garde encore

l'empreinte. Une inscription ainsi conçue at-
teste le miracle :

QUANDO LA REINA DEL CIELO

PUSO LOS PIES EN EL SUELO

EN ESTA PIEDRA LOS PUSO.

La légende raconte en outre que la sainte
Vierge fut si contente de sa statue, la trouva
si bien faite, si bien proportionnée et si res-
semblante, qu'elle l'embrassa et lui communi-
qua le don des miracles. Si la reine des anges
descendait aujourd'hui dans nos églises, je
doute qu'elle fût tentée d'embrasser son image.

Plus de deux cents auteurs des plus graves
et des plus honorables racontent cette histoire
aussi prouvée pour le moins que la mort
de Henri IV ; quant à moi, je n'éprouve aucune
difficulté de croire à ce miracle, et j'admets
parfaitement cette histoire au rang des choses
authentiques. L'église subsista telle quelle jusqu'à saint Eugène, sixième évêque de Tolède,
qui l'agrandit et l'embellit autant que le lui
permirent ses moyens, sous le titre de Notre-
Dame de l'Assomption, qu'elle conserve en-

core aujourd'hui ; mais en l'an 302, époque de
la cruelle persécution que firent souffrir aux
chrétiens les empereurs Dioclétien et Maxi
min, le préfet Dacien ordonna de démolir et
de raser le temple, de sorte que les fidèles ne
surent plus où demander et obtenir le pain de
grâce. A trois ans de là, Constance, père du
grand Constantin, étant monté sur le trône, la
persécution cessa, les prélats revinrent à leur
siége, et l'archevêque Melancius commença à
relever l'église, toujours à la même place. Peu
de temps après, environ vers l'an 312, l'empereur Constantin, s'étant converti à la foi, ordonna, entre autres œuvres héroïques où le
poussa son zèle chrétien, de réparer et de bâtir à ses frais, le plus somptueusement possible,
l'église basilique de Notre-Dame de l'Assomption de Tolède, que Dacien avait fait détruire.

Tolède avait alors pour archevêque Mari-
nus, homme docte, lettré, jouissant de la familiarité de l'empereur ; cette circonstance lui
laissa toute liberté d'agir, et il n'épargna rien
pour bâtir un temple remarquable de grande
et somptueuse architecture : ce fut celui qui

dura tout le temps des Goths, celui que visita
la Vierge, celui qui fut mosquée pendant la
conquête d'Espagne, celui qui, lorsque Tolède
fut reprise par le roi don Alonzo VI, redevint
église et dont le plan fut emporté à Oviedo par
l'ordre du roi don Alonzo-le-Chaste, afin de
bâtir, conformément à ce tracé, l'église de
San Salvador de cette ville, en l'an 803. —
Ceux qui seraient curieux de savoir la forme,
la grandeur et la majesté qu'avait la cathédrale
de Tolède en ce temps-là, lorsque la reine des
anges descendit la visiter, n'auront qu'à aller
voir celle d'Oviedo, et ils seront satisfaits,
ajoute notre auteur. Pour notre part, nous re-
grettons beaucoup de n'avoir pu nous donner
ce plaisir.

Enfin, sous le règne heureux de saint Ferdinand, don Rodrigue étant archevêque de Tolède, l'église prit cette forme admirable et magnifique qu'on lui voit aujourd'hui, et qui est,
dit-on, celle du temple de Diane à Éphèse. —
O naïf chroniqueur! permettez-moi de n'en
rien croire, le temple d'Éphèse ne valait pas
la cathédrale de Tolède! — L'archevêque Ro-

drigue, assisté du roi et de toute la cour, ayant dit une messe pontificale, en posa la première pierre un samedi, l'an 1227 ; l'œuvre se poursuivit avec beaucoup de chaleur jusqu'à ce qu'on y eut mis la dernière main et qu'on l'eut portée au plus haut degré de perfection où puisse atteindre l'art humain.

Qu'on nous pardonne cette petite digression historique. Nous ne sommes pas coutumier du fait, et nous allons revenir bien vite à notre humble mission de touriste descripteur et de daguerréotype littéraire.

L'extérieur de la cathédrale de Tolède est beaucoup moins riche que celui de la cathédrale de Burgos : point d'efflorescence d'ornemens, point d'arabesques, point de collerettes de statues épanouies autour des portails ; — de solides contreforts, des angles nets et francs, une épaisse cuirasse de pierre de taille, un clocher d'un aspect robuste qui n'a rien des délicatesses de l'orfévrerie gothique, tout cela revêtu d'une teinte rousse, d'une couleur de rôtie grillée, d'un épiderme hâlé comme celui d'un pélerin de Palestine : en revanche, l'intérieur est fouillé et sculpté comme une grotte à stalactites.

La porte par laquelle nous entrâmes est de bronze et porte l'inscription suivante : *Antonio Zurreno, del arte de Oro y Plata, faciebat esta media puerta.* — L'impression qu'on éprouve est des plus vives et des plus grandioses ; cinq nefs partagent l'église, celle du milieu est d'une hauteur démesurée, les autres semblent à côté d'elle incliner la tête et s'agenouiller en signe d'adoration et de respect ; quatre-vingt-huit piliers, gros comme des tours et composés chacun de seize colonnes fuselées et reliées entre elles, soutiennent la masse énorme de l'édifice ; une nef transversale coupe la grande nef entre le chœur et le maître-autel, et forme ainsi les bras de la croix. Toute cette architecture, mérite bien rare dans les cathédrales gothiques ordinairement bâties à plusieurs reprises, est du style le plus homogène et le plus complet ; le plan primitif a été exécuté d'un bout à l'autre, à part quelques dispositions de chapelles qui ne contrarient en rien l'harmonie de l'aspect général. Des vitraux, où l'émeraude, le saphir et le rubis étincellent, en-

châssés dans des nervures de pierre ouvrées
comme des bagues, tamisent un jour doux et
mystérieux qui porte à l'extase religieuse, et,
quand le soleil est trop vif, des stores de sparterie qu'on abat sur les fenêtres entretiennent
cette demi-obscurité pleine de fraîcheur qui
fait des églises d'Espagne des lieux si favora-
bles au recueillement et à la prière.

Le maître-autel ou *retablo* pourrait passer à
lui seul pour une église; c'est un énorme entassement de colonnettes, de niches, de statues, de rinceaux et d'arabesques, dont la description la plus minutieuse ne donnerait
qu'une bien faible idée; toute cette architecture, qui monte jusqu'à la voûte et qui fait le
tour du sanctuaire, est peinte et dorée avec
une richesse inimaginable. Les tons fauves et
chauds de l'antique dorure font ressortir splen-
didement les filets et les paillettes de lumière
accrochés au passage par les nervures et les
saillies des ornemens, et produisent des effets
admirables de la plus grande opulence pittoresque. Les peintures sur fond d'or qui garnissent les panneaux de cet autel valent, pour

la richesse de la couleur, les plus éclatantes
toiles vénitiennes; cette union de la couleur
avec les formes sévères et presque hiératiques
de l'art au moyen-âge, ne se rencontre que
bien rarement; l'on pourrait prendre quelques unes de ces peintures pour des Giorgione
de la première manière.

En face du grand autel est placé le chœur
ou *silleria*, suivant l'usage espagnol; il est
composé de trois rangs de stalles en bois
sculpté, fouillé, découpé, d'une manière merveilleuse, avec des bas-reliefs historiques, allégoriques et sacrés. L'art gothique, sur les con-
fins de la renaissance, n'a rien produit de plus
pur, de plus parfait, ni de mieux dessiné. On
attribue cette œuvre effrayante de détails aux
patiens ciseaux de Philippe de Bourgogne et
de Berruguète. La stalle de l'archevêque, plus
élevée que les autres, est disposée en forme de
trône et marque le milieu du chœur; des colonnes de jaspe d'un ton brun et luisant couronnent cette prodigieuse menuiserie, et sur
l'entablement s'élèvent des figures d'albâtre,
aussi de Philippe de Bourgogne et de Berru-

guète, mais dans une manière plus souple et plus libre, d'une élégance et d'un effet admirables. D'énormes pupitres de bronze couverts de missels gigantesques, de grands tapis de sparterie, et deux orgues de dimension colossale, posés en regard, l'un à droite, l'autre à gauche, complètent la décoration.

Derrière le *retablo* se trouve la chapelle où sont enterrés don Alvar de Luna et sa femme, dans deux magnifiques tombeaux d'albâtre juxta-posés ; les murs de cette chapelle sont historiés des armes du connétable, et des coquilles de l'ordre de *San Iago*, dont il était grand-maître. Tout près de là, à la voûte de cette portion de la nef, qu'on appelle ici le *trascoro*, l'on remarque une pierre avec une inscription funèbre : c'est celle d'un noble Tolédan, dont l'orgueil se révoltait à l'idée que sa tombe serait foulée aux pieds par des gens de peu et d'extraction suspecte : « Je ne veux pas que des manans me passent sur le ventre, » avait-il dit à son lit de mort, et comme il laissait de grands biens à l'église, on satisfit cet étrange caprice en logeant son corps dans la maçonnerie de la voûte, où personne assurément ne lui marchera dessus.

Nous n'essaierons pas de décrire les chapelles les unes après les autres, il faudrait un volume pour cela : nous nous contenterons de mentionner le tombeau d'un cardinal, exécuté dans le goût arabe, avec une délicatesse inimaginable ; nous ne pouvons mieux le comparer qu'à de la guipure sur une grande échelle, et nous arriverons sans plus tarder à la chapelle mozarabe ou musarabe, les deux se disent, une des plus curieuses de la cathédrale. Avant de la décrire, expliquons ce que veulent dire ces mots : chapelle mozarabe.

Au temps de l'invasion des Mores, les habitans de Tolède furent forcés de se rendre après un siège de deux ans ; ils tâchèrent d'obtenir la capitulation la plus favorable, et au nombre des articles convenus était celui-ci : à savoir que l'on garderait six églises pour les chrétiens qui désireraient vivre avec les barbares. Ces églises furent celles de Saint-Marc, de Saint-Luc, de Saint-Sébastien, de Saint-Torcato, de Sainte-Olalla et de Sainte-Juste. Par ce moyen, la foi se conserva dans la ville pendant les quatre cents ans qu'y dura la domination des Mores, et pour cette raison les fidèles Tolédans furent appelés Mozarabes, c'est-à-dire mêlés aux Arabes. Sous le règne d'Alonzo VI, lorsque Tolède retourna au pouvoir des chrétiens, Richard, légat du pape, voulut faire abandonner l'office mozarabe pour le rite grégorien, soutenu en cela par le roi et la reine dona Constanza, qui préféraient le rite de Rome. Tout le clergé s'insurgea et poussa les hauts cris ; les fidèles se montrèrent fort indignés, et peu s'en fallut qu'il n'y eût mutinerie et soulèvement du populaire ; le roi, effrayé de la tournure que prenaient les choses, et craignant que l'on n'en vînt aux dernières extrémités, calma les esprits comme il put et proposa aux Tolédans ce mezzo-termine singulier et tout-à-fait dans l'esprit du temps, qui fut accepté avec enthousiasme de part et d'autre : les partisans du rite grégorien et du rite mozarabe devaient choisir deux champions et les faire combattre, afin que Dieu décidât dans quel idiome et dans quel rite il aimait mieux être loué. En effet, si le jugement de Dieu a été acceptable, c'est assurément en matière de liturgie.

Le champion des Mozarabes se nommait don Ruiz de la Matanza; l'on prit jour. La Vega fut choisie pour lieu du combat. La victoire resta quelque temps incertaine; mais à la fin don Ruiz eut l'avantage et sortit vainqueur de la lice, aux cris d'allégresse des Tolédans, qui, pleurant de joie et jetant leurs bonnets en l'air, s'en furent aux églises s'agenouiller et rendre grâce à Dieu. Le roi, la reine et la cour furent très contrariés de ce triomphe. S'avisant un peu tard que c'était une chose impie, téméraire et cruelle, de faire résoudre une question théologique par un combat sanglant, ils prétendirent qu'on ne devait s'en rapporter qu'à un miracle et proposèrent une nouvelle épreuve, que les Tolédans, confians dans l'excellence de leur rituel, voulurent bien accepter. L'épreuve consistait, après un jeûne général et des prières dans toutes les églises, à mettre sur un bûcher allumé un exemplaire de l'office romain et un autre de l'office tolé-

22002
[8°O.147(2)

GAUTIER(Théophile).- Tra los montes.T.2.
- Paris, Victor Magen, 1843. 376 p.
1984. Bibliothèque Nationale. Paris.

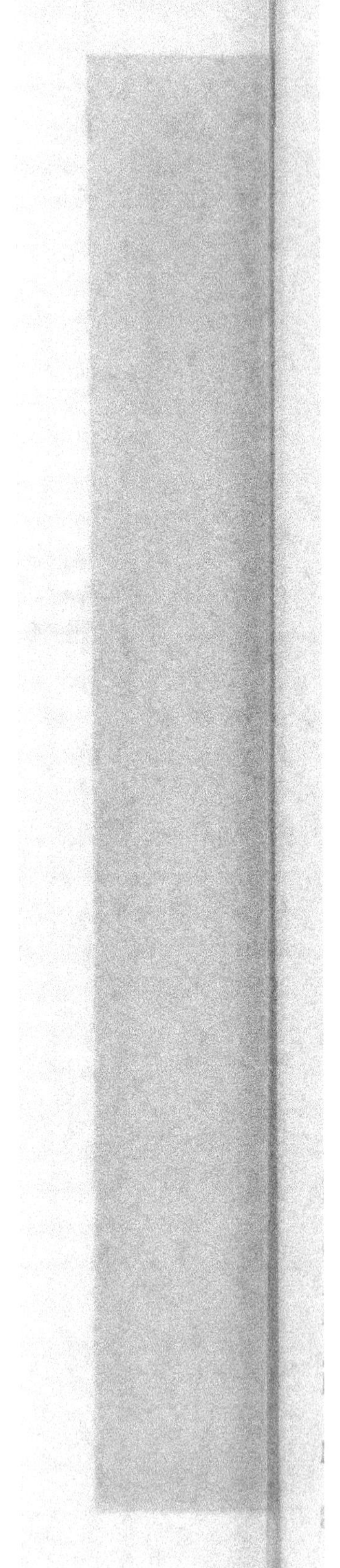

dan ; celui qui resterait dans la flamme sans
se brûler serait réputé le meilleur et le plus
agréable à Dieu.

La chose fut exécutée de point en point. On
dressa un bûcher de bois sec et bien flambant
sur la place Zocodover, qui, depuis qu'elle est
place, ne vit jamais une telle affluence de spectateurs ; l'on jeta les deux bréviaires dans le
feu, chaque parti levant les yeux et les bras au
ciel, et priant Dieu pour la lithurgie dans laquelle il préférait le servir ; le rituel romain
fut rejeté, les feuilles éparses, par la violence
du feu, et sortit de l'épreuve intact, mais un
peu roussi. Le tolédan resta majestueusement
au milieu de la flamme, à l'endroit où il était
tombé, sans bouger et sans ressentir aucun
dommage. Quelques Mozarabes enthousiastes
prétendent même que le missel romain fut entièrement consumé. Le roi, la reine et le légat
Richard furent médiocrement satisfaits, mais
il n'y avait pas moyen de revenir là-dessus ; le
rite mozarabe fut donc conservé et suivi avec
ardeur pendant de longues années par les Mozarabes, leurs fils et leurs petits-fils ; mais à la

fin, l'intelligence du texte se perdit, et il ne se trouva plus personne en état de dire ou d'entendre l'office, objet de si vives contestations. Don Francisco Ximenès, archevêque de Tolède, ne voulant pas laisser tomber en désuétude un usage si mémorable, fonda une chapelle mozarabe dans la cathédrale, fit traduire et imprimer en lettres vulgaires les rituels qui étaient en caractères gothiques, et institua des prêtres spécialement chargés de dire cet office.

La chapelle mozarabe, qui subsiste encore aujourd'hui, est ornée de fresques gothiques du plus haut intérêt : elles ont pour sujets des combats entre les Tolédans et les Mores; la conservation en est parfaite, les couleurs sont vives, comme si la peinture était achevée de la veille ; l'archéologue y trouverait mille renseignemens curieux d'armes, de costumes, d'équipement et d'architecture, car la fresque principale représente une vue de l'ancienne Tolède, qui a dû être d'une grande exactitude. Dans les fresques latérales sont peints avec beaucoup de détails les vaisseaux qui apportèrent les Arabes en Espagne ; un homme du

métier pourrait en tirer d'utiles renseignemens pour l'histoire si embrouillée de la ma-
rine au moyen-âge. Le blason de Tolède, cinq
étoiles de sable sur champ d'argent, est répété
en plusieurs endroits de cette chapelle à voûte
surbaissée, fermée à la mode espagnole par
une grille d'un beau travail.

La chapelle de la Vierge, entièrement revêtue de porphyre, de jaspe, de brèches jaunes et
violettes d'un poli admirable, est d'une richesse
qui dépasse les splendeurs des *Mille et une
Nuits*; on y conserve beaucoup de reliques,
entre autres une châsse donnée par saint
Louis, et qui renferme un morceau de la vraie
croix.

Pour reprendre haleine nous allons, s'il vous
plaît, faire un tour dans le cloître, qui encadre
d'arcades élégantes et sévères de belles masses
de verdure à qui l'ombre de l'église conserve
de la fraîcheur, malgré l'ardeur dévorante de
la saison : tous les murs de ce cloître sont couverts d'immenses fresques dans le goût Van-
loo, d'un peintre nommé Bayeu. Ces composi-
tions, d'un arrangement facile et d'un coloris

agréable, ne sont pas en rapport avec le style
du monument, et doivent sans doute remplacer d'anciennes peintures dégradées par les
siècles ou trouvées trop gothiques par les gens
de bon goût de ce temps-là. Un cloître est fort
bien situé auprès d'une église ; il ménage heureusement la transition de la tranquillité du
sanctuaire à l'agitation de la cité. On peut aller
s'y promener, rêver, réfléchir, sans toutefois
être astreint à suivre les prières et les cérémo-
nies du culte ; les catholiques entrent dans le
temple, les chrétiens restent plus souvent dans
le cloître. Cette disposition d'esprit a été com-
prise par le catholicisme, si habile psycholo-
gue. Dans les pays religieux, la cathédrale est
l'endroit le plus orné, le plus riche, le plus
doré, le plus fleuri ; c'est là que l'ombre est la
plus fraiche et la paix la plus profonde ; la musique y est meilleure qu'au théâtre et la pompe
du spectacle n'a pas de rivale. C'est le point
central, le lieu attrayant, comme l'Opéra à Paris. Nous n'avons pas l'idée, nous autres catholiques du Nord, avec nos temples voltai-
riens, du luxe, de l'élégance, du confortable

des églises espagnoles ; ces églises sont meublées, vivantes, et n'ont pas l'aspect glacialement désert des nôtres : les fidèles peuvent y habiter familièrement avec leur Dieu.

Les sacristies et les salles capitulaires de la cathédrale de Tolède sont d'une magnificence plus que royale ; rien n'est plus noble et plus pittoresque que ces vastes salles décorées avec ce luxe solide et sévère dont l'église a seule le secret. Ce ne sont que menuiseries sculptées de noyer ou de chêne noir, portières de tapisserie ou de damas des Indes, rideaux de brocatelle à plis larges et puissans, tentures historiées, tapis de Perse, peintures à fresque ; nous n'essaierons pas de les décrire les unes après les autres, nous parlerons seulement d'une pièce ornée d'admirables fresques représentant des sujets religieux dans le style allemand, dont les Espagnols ont fait de si heureuses imitations, et qu'on attribue au neveu de Berruguète, si ce n'est à Berruguète lui-même, car ces prodigieux génies parcouraient à la fois la triple carrière de l'art. — Nous citerons aussi un immense plafond de Luc Jordan, où fourmille tout un monde d'anges et d'allégories dans les attitudes les plus strapassées du raccourci, et qui présente un singulier effet d'optique. Du milieu de la voûte jaillit un rayon de lumière qui, bien que peint sur une surface plane, semble tomber perpendiculairement sur votre tête, de quelque côté qu'on le regarde.

C'est là que l'on garde le trésor, c'est-à-dire les belles chapes de brocard, de toile d'or frisé, de damas d'argent; les merveilleuses guipures, les châsses de vermeil, les ostensoirs de diamant, les gigantesques chandeliers d'argent, les bannières brodées, tout le matériel et les accessoires de la représentation de ce sublime drame catholique qu'on appelle la messe.

Dans les armoires d'une de ces salles est contenue la garde-robe de la sainte Vierge, car de froides statues de marbre ou d'albâtre ne suffisent pas à la piété passionnée des méridionaux; dans leur emportement dévot, ils entassent sur l'objet de leur culte des ornemens d'une richesse extravagante; rien n'est assez beau, assez brillant, assez ruineux; sous ce ruissellement de pierreries la forme et le fond disparaissent : ils s'en inquiètent peu. La grande affaire, c'est qu'il soit matériellement impossible de suspendre une perle de plus aux oreilles de marbre de l'idole, d'enchâsser un plus gros diamant dans l'or de sa couronne, et de tracer un autre ramage de pierreries sur le brocard de sa robe.

Jamais reine antique, pas même Cléopâtre qui buvait des perles, jamais impératrice du Bas-Empire, jamais duchesse du moyen-âge, jamais courtisane vénitienne du temps de Titien n'eut un écrin plus étincelant, un trousseau plus riche que la Notre-Dame de Tolède. L'on nous fit voir quelques unes de ses robes : l'une d'elles est entièrement recouverte, de manière à ne pas laisser soupçonner le fond de ramages et d'arabesques de perles fines parmi lesquelles il y en a d'une grosseur et d'un prix inestimables, entre autres plusieurs rangs de perles noires d'une rareté inouïe : des soleils et des étoiles de pierreries constellent cette robe prodigieuse dont l'œil a peine à soutenir l'éclat, et qui vaut plusieurs millions de francs.

Nous terminâmes notre visite par une as-

cension au clocher, au sommet duquel on arrive par des superpositions d'échelles assez
raides et d'un aspect peu rassurant. A mi-
chemin à peu près on rencontre, dans une espèce de magasin que l'on traverse, une série
de mannequins gigantesques, coloriés et vêtus
à la mode du siècle dernier, qui servent à
nous ne savons plus quelle procession dans le
genre de celle de la tarasque.

La vue magnifique que l'on découvre du haut
de la flèche est un large dédommagement de la
fatigue de l'ascension. Toute la ville se dessine
devant vous avec la netteté et la précision de
ces plans sculptés en liége, de M. Pelet, que
l'on admirait à la dernière exposition de l'industrie. Cette comparaison semblera sans
doute fort prosaïque et peu pittoresque, mais
en vérité je n'en saurais trouver une meilleure
ni plus juste. Ces roches bossues et tourmen-
tées de granit bleu qui encaissent le Tage et
cerclent un côté de l'horizon de Tolède, ajoutent encore à la singularité de ce paysage,
inondé et criblé d'une lumière crue, impitoya-
ble, aveuglante, que nul reflet ne vient tempé-

rer et qu'augmente encore la réverbération d'un ciel sans nuage et sans vapeur, devenu blanc, à force d'ardeur, comme du fer dans la fournaise.

Il faisait une chaleur atroce, une chaleur de four à plâtre, et il fallait réellement une curiosité enragée pour ne pas renoncer à toute exploration de monumens par cette température sénégambienne, mais nous avions encore toute l'ardeur féroce de touristes parisiens enthousiastes de couleur locale ! Rien ne nous rebutait ; nous ne nous arrêtions que pour boire, car nous étions plus altérés que du sable d'Afrique, et nous absorbions l'eau comme des éponges sèches. Je ne sais vraiment point comment nous ne sommes pas devenus hydropiques ; sans compter le vin et les glaces, nous consommions sept à huit jarres d'eau par jour. *Agua ! agua !* tel était notre cri perpétuel, et une chaine de *muchachas*, se passant les pots de main en main de notre chambre à la cuisine, suffisaient à peine pour éteindre l'incendie. Sans cette inondation obstinée, nous serions tombés en poussière comme les modèles d'argile des sculpteurs, lorsqu'ils négligent de les mouiller.

La cathédrale visitée, nous résolûmes, malgré notre soif, d'aller à l'église de *San Juan de los Reyes*, mais ce ne fut qu'après de longs pourparlers que nous réussîmes à nous en faire donner les clefs, car l'église de *San Juan de los Reyes* est fermée depuis cinq ou six ans, et le couvent dont elle fait partie est abandonné et tombe en ruine.

San Juan de los Reyes est situé au bord du Tage, tout près du pont Saint-Martin ; ses murailles ont cette belle teinte orange qui distingue les anciens monumens dans les climats où il ne pleut jamais. Une collection de statues de rois dans des attitudes nobles, chevaleresques, et d'une grande fierté de tournure, en décore l'extérieur ; mais ce n'est pas là ce qu'il y a de plus singulier à *San Juan de los Reyes*, toutes les églises du moyen-âge sont peuplées de statues. — Une multitude de chaines suspendues à des crochets garnissent les murs du haut en bas : ce sont les fers des prisonniers chrétiens délivrés par la conquête de Grenade. Ces chaines suspendues en manière d'ornement et d'*ex-voto* donnent à l'église un faux air de prison assez étrange et rébarbatif.

On nous a conté à ce propos une anecdote que nous placerons ici parce qu'elle est courte et caractéristique. — Le rêve de tout *gefe político*, en Espagne, est d'avoir une *alameda*, comme celui de tout préfet, en France, une rue de Rivoli dans sa ville. Le rêve du *gefe político* de Tolède était donc de procurer à ses administrés le plaisir de la promenade ; l'emplacement fut choisi, les terrassemens ne tardèrent pas à s'achever, grâce à la coopération des travailleurs du *Presidio ;* il ne manquait donc plus à la promenade que des arbres, mais les arbres ne s'improvisent pas, et le *gefe político* s'imagina judicieusement de les remplacer par des bornes de pierre reliées entre elles au moyen de chaines de fer. Comme l'argent est fort rare en Espagne, l'ingénieux administrateur, homme de ressource s'il en fût, avisa les chaines historiques de *San Juan de los Reyes,* et se dit : — Pardieu, voilà mon affaire toute trouvée ! — Et l'on attacha aux bornes de l'a-

lameda les chaînes des captifs délivrés par Ferdinand et Isabelle-la-Catholique. Les serruriers qui avaient fait cette besogne, reçurent chacun quelques brasses de cette héroïque féraille ; quelques personnes intelligentes (il s'en trouve partout) crièrent à la barbarie, et les chaînes furent reportées à l'église. Quant à celles que l'on avait données en paiement aux ouvriers, ils en avaient déjà forgé des socs de charrue, des fers de mules et autres ustensiles. Cette histoire est peut-être une médisance, mais elle a tous les caractères de la vraisemblance : nous la rapportons comme on nous l'a racontée ; revenons à notre église. La clef tourna avec peine dans la serrure rouillée. Ce léger obstacle surmonté, nous entrâmes dans un cloître dévasté d'une élégance admirable ; des colonnes sveltes et découplées soutenaient sur leurs chapiteaux fleuris des arcades ornées de nervures et de broderies d'une délicatesse extrême ; sur les murailles couraient de longues inscriptions à la louange de Ferdinand et d'Isabelle, en caractères gothiques entremêlés de fleurs, de ramages et d'arabesques ; imita-

tion chrétienne des sentences et des versets du
Coran employés par les Mores comme ornement d'architecture. Quel dommage qu'un si
précieux monument soit abandonné de la sorte!

En donnant quelques coups de pied à des
portes barrées par des ais vermoulus ou obstruées de décombres, nous parvînmes à nous
introduire dans l'église, qui est d'un style
charmant, et semble, à part quelques mutila-
tions violentes, avoir été achevée hier. L'art
gothique n'a rien produit de plus suave, de plus
élégant ni de plus fin. Tout autour circule une
tribune découpée à jour et fénestrée comme
une truelle à poisson, qui suspend ses balcons
aventureux aux faisceaux des piliers dont elle
suit exactement les retraits et les saillies ; des
rinceaux gigantesques, des aigles, des chimères, des animaux héraldiques, des blasons, des
banderolles et des inscriptions emblématiques
dans le genre de celles du cloître complètent
la décoration. — Le chœur, placé en face du
retablo, à l'autre bout de l'église, est supporté
par un arc surbaissé d'un bel effet et d'une
grande hardiesse.

L'autel, qui sans doute était un chef-d'œuvre de sculpture et de peinture, a été impitoyablement renversé. — Ces dévastations inutiles attristent l'ame et font douter de l'intelligence humaine : en quoi les anciennes pierres gênent-elles les idées nouvelles ? Ne peut-on faire une révolution sans démolir le passé. Il nous semble que la *constitucion* n'aurait rien perdu à ce qu'on laissât debout l'église de Ferdinand et d'Isabelle-la-Catholique, cette noble reine qui crut le génie sur parole et dota l'univers d'un nouveau monde.

Nous risquant sur un escalier à moitié rompu, nous pénétrâmes dans l'intérieur du couvent : le réfectoire est assez vaste et n'a rien de particulier qu'une effroyable peinture placée au dessus de la porte ; elle représente, rendu encore plus hideux par la couche de crasse et de poussière qui le recouvre, un cadavre en proie à la décomposition, avec tous ces horribles détails si complaisamment traités par les pinceaux espagnols. Une inscription symbolique et funèbre, une de ces menaçantes sentences bibliques qui donnent au néant humain

de si terribles avertissemens, est écrite au bas
de ce tableau sépulcral, singulièrement choisi
pour un réfectoire. Je ne sais pas si toutes les
histoires sur les goinfreries des moines sont
vraies, mais, pour ma part, je ne me sentirais
qu'un appétit médiocre dans une salle à manger ainsi décorée.

Au dessus, de chaque côté d'un long corridor, sont rangées, comme les alvéoles d'une
ruche d'abeilles, les cellules désertes des moines disparus; elles sont exactement pareilles
les unes aux autres, et toutes crépies à la
chaux. Cette blancheur diminue beaucoup
l'impression poétique en empêchant les ter-
reurs et les chimères de se blottir dans les
coins obscurs. L'intérieur de l'église et le cloître sont également blanchis, ce qui leur donne
quelque chose de neuf et de récent qui contraste
avec le style de l'architecture et l'état des bâtimens. L'absence d'humidité et l'ardeur de la
température n'ont pas permis aux plantes et
aux mauvaises herbes de germer dans les interstices des pierres et des gravois, et ces débris n'ont pas le vert manteau de lierre dont

le temps recouvre les ruines dans les climats du Nord. Nous errâmes long-temps dans l'édifice abandonné, suivant d'interminables corridors, montant et descendant des escaliers hasardeux, ni plus ni moins que des héros d'Anne Ratcliffe, mais nous ne vîmes en fait de fantômes que deux pauvres lézards qui se sauvèrent à toutes jambes, ignorant sans doute, en leur qualité d'Espagnols, le proverbe français : « Le lézard est l'ami de l'homme. » Au reste, cette promenade dans les veines et dans les membres d'une grande construction dont la vie s'est retirée, est un plaisir des plus vifs qu'on puisse imaginer ; on s'attend toujours à rencontrer au détour d'une arcade un ancien moine au front luisant, aux yeux inondés d'ombre, marchant gravement les bras croisés sur sa poitrine et se rendant à quelque office mystérieux dans l'église profanée et déserte.

Nous nous retirâmes, car il n'y avait plus rien de curieux à voir, pas même les cuisines, où notre guide nous fit descendre, avec un sourire voltairien que n'aurait pas désavoué un abonné du *Constitutionnel*. L'église et le cloître sont d'une rare magnificence ; le reste est de la plus stricte simplicité : tout pour l'ame, rien pour le corps.

A peu de distance de *San Juan de los Reyes* se trouve, ou plutôt ne se trouve pas, la célèbre mosquée synagogue, car, à moins d'avoir un guide, on passerait vingt fois devant sans en soupçonner l'existence. Notre cornac frappa à une porte pratiquée dans un mur de pisé rougeâtre le plus insignifiant du monde ; au bout de quelque temps, car les Espagnols ne sont jamais pressés, l'on vint nous ouvrir, et l'on nous demanda si nous venions pour voir la synagogue ; sur notre réponse affirmative, l'on nous introduisit dans une espèce de cour remplie de végétations incultes, au milieu desquelles s'épanouissait un figuier d'Inde aux feuilles profondément découpées, d'une verdure intense et brillante comme si elles eussent été vernies. Dans le fond s'élevait une masure sans caractère, ayant plutôt l'air d'une grange que de toute autre chose. On nous fit entrer dans cette masure. Jamais surprise ne fut plus grande : nous étions en plein Orient ; les colonnes fluettes aux chapiteaux évasés comme des turbans, les arcs turcs, les versets du Coran, le plafond plat aux compartimens de bois de cèdre, les jours pris d'en haut, rien n'y manquait. Des restes d'anciennes enluminures presque effacées teignaient les murailles de couleurs étranges, et ajoutaient encore à la singularité de l'effet. Cette synagogue, dont les Arabes ont fait une mosquée, et les chrétiens une église, sert aujourd'hui d'atelier et de logement à un menuisier. L'établi a pris la place de l'autel ; cette profanation est toute récente. L'on voit encore les vestiges du *retablo*, et l'inscription sur marbre noir qui constate la consécration de cet édifice au culte catholique.

A propos de synagogue, plaçons ici cette anecdote assez curieuse : Les Juifs de Tolède, probablement pour diminuer l'horreur qu'ils inspiraient aux populations chrétiennes en leur qualité de déicides, prétendaient n'avoir pas consenti à la mort de Jésus-Christ, et voici comment : lorsque Jésus fut mis en jugement, le conseil des prêtres, présidé par Caïphe, envoya consulter les tribus pour savoir s'il devait être relâché ou mis à mort : l'on posa la question aux Juifs d'Espagne, et la synagogue de Tolède se prononça pour l'acquittement. Cette tribu n'est donc pas couverte du sang du juste, et ne mérite pas l'exécration soulevée par les Juifs qui ont voté contre le fils de Dieu. L'original de la réponse des Juifs de Tolède avec une traduction latine du texte hébreu, est conservé, dit-on, dans les archives du Vatican. En récompense, on leur permit de bâtir cette synagogue, qui est, je crois, la seule que l'on ait jamais tolérée en Espagne.

L'on nous avait parlé des ruines d'une ancienne maison de plaisance moresque, le palais de la Galiana ; nous nous y fîmes conduire en sortant de la synagogue, malgré notre fatigue, car le temps nous pressait, et nous devions repartir le lendemain pour Madrid.

Le palais de la Galiana est situé hors la ville, dans la Vega, et l'on passe pour y aller par le pont d'Alcantara : au bout d'un quart d'heure de marche à travers des champs et des cultures où couraient mille petits canaux d'irrigation, nous arrivâmes à un bouquet d'arbres d'une

grande fraîcheur, au pied desquels fonction-
nait une roue d'arrosement de la simplicité la
plus antique et la plus égyptienne. Des jarres
de terre, attachées aux rayons de la roue par
des cordelettes de roseaux, puisaient l'eau et la
reversaient dans un canal de tuiles creuses,
aboutissant à un réservoir, d'où on la diri-
geait sans peine par des rigoles sur les points
que l'on voulait désaltérer.

Un énorme tas de briques rougeâtres ébau-
chait sa silhouette ébréchée derrière le feuillage
des arbres : c'était le palais de la Galiana.

Nous pénétrâmes par une porte basse dans
ce monceau de décombres habités par une famille de paysans ; il est impossible d'imaginer
quelque chose de plus noir, de plus enfumé,
de plus caverneux et de plus sale. Les Troglodytes étaient logés comme des princes en comparaison de ces gens-là, et pourtant la charmante Galiana, la belle Moresque aux longs
yeux teints de henné, aux vestes de brocard
constellées de perles, avait posé ses petites ba-
bouches sur ce plancher défoncé ; elle s'était
accoudée à cette fenêtre, regardant au loin

dans la Vega les cavaliers mores s'exercer à lancer le djerrid.

Nous continuâmes bravement notre exploration, montant aux étages supérieurs par des échelles chancelantes, nous accrochant des pieds et des mains aux touffes d'herbe sèche, qui pendaient comme des barbes au menton renfrogné des vieilles murailles.

Parvenus au faite, nous nous aperçûmes d'un bizarre phénomène ; nous étions entrés avec des pantalons blancs, nous sortions avec des pantalons noirs, mais d'un noir sautillant, grouillant, fourmillant : nous étions couverts de petites puces imperceptibles qui s'étaient précipitées sur nous en essaims compacts, attirées par la froideur de notre sang septentrional. Je n'aurais jamais cru qu'il y eût au monde tant de puces que cela.

Quelques tuyaux de conduite, pour amener l'eau dans les étuves, sont les seuls vestiges de magnificence que le temps ait épargnés ; les mosaïques de verre et de faïence émaillée, les colonnettes de marbre aux chapiteaux couverts de dorures, de sculptures et de versets du Coran, les bassins d'albâtre, les pierres trouées à jours pour laisser filtrer les parfums, tout a disparu. Il ne reste absolument que la carcasse des gros murs et des tas de briques qui se résolvent en poussière; car ces merveilleux édifices, qui rappellent les féeries des *Mille et une Nuits*, ne sont malheureusement bâtis qu'avec des briques et du pisé recouvert d'une croûte de stuc ou de chaux. Toutes ces dentelles, toutes ces arabesques, ne sont pas, comme on le croit généralement, taillées dans le marbre ou la pierre, mais bien moulées en plâtre, ce qui permet de les reproduire à l'infini et sans grande dépense. Il faut toute la sécheresse conservatrice du climat d'Espagne pour que des monumens bâtis avec de si frêles matériaux soient parvenus jusqu'à nos jours.

La légende de la Galiana est mieux conservée que son palais. Elle était fille du roi Galafre, qui l'aimait par-dessus tout, et lui avait fait bâtir dans la Vega une maison de plaisance avec des jardins délicieux, des kiosques, des bains, des fontaines et des eaux qui s'élevaient et s'abaissaient selon le décours de la lune,

soit par magie, soit par un de ces artifices hy-
drauliques si familiers aux Arabes. La Galiana,
idolâtrée par son père, vivait le plus agréablement du monde dans cette charmante retraite,
s'occupant de musique, de poésie et de danse.
Son travail le plus pénible était de se dérober
aux galanteries et aux adorations de ses pour-
suivans. Le plus importun et le plus acharné de
tous était un certain roitelet de Guadalajara,
nommé Bradamant, More gigantesque, vail-
lant et féroce; Galiana ne le pouvait souffrir :
et comme dit le chroniqueur : « Qu'importe
que le cavalier soit de feu, quand la dame est
de glace? » Cependant le More ne se rebutait
pas, et sa passion de voir Galiana et de lui
parler était si vive qu'il avait fait creuser de
Guadalajara à Tolède un chemin couvert par
où il venait la visiter tous les jours.

Dans ce temps-là, Karl-le-Grand, fils de Pepin, vint à Tolède, envoyé par son père, pour
porter secours à Galafre contre le roi de Cordoue, Abderrahaman. Galafre le logea dans le
palais même de la Galiana, car les Mores
laissent volontiers voir leurs filles aux per-

sonnes illustres et considérables. Karl-le-
Grand avait le cœur tendre sous sa cuirasse de
fer, et ne tarda pas à devenir fort éperdue-
ment amoureux de la princesse moresque. Il
supporta d'abord les assiduités de Bradamant,
n'étant pas encore sûr d'avoir touché le cœur
de la belle ; mais comme Galiana, malgré sa
réserve et sa modestie, ne put lui cacher
long-temps la secrète préférence de son ame,
il commença à se montrer jaloux et demanda
la suppression de son rival basané. Galiana qui
était déjà Française jusqu'aux yeux, dit la
chronique, et qui d'ailleurs haïssait le roitelet
de Guadalajara, donna à entendre au prince
qu'elle et son père étaient également ennuyés
des poursuites du More, et qu'elle aurait pour
agréable qu'on l'en débarrassât. Karl ne se le
fit pas dire deux fois ; il provoqua Bradamant
en combat singulier, et, quoique ce fût un
géant, il le vainquit, lui coupa la tête et la
présenta à la Galiana, qui trouva le présent de
bon goût. Cette galanterie mit fort avant le
prince français dans le cœur de la belle More,
et l'amour s'augmentant de part et d'autre, Ga-

liana promit d'embrasser le christianisme, afin que Karl pût l'épouser ; ce qui s'exécuta sans difficulté, Galafre étant charmé de donner sa fille à un si grand prince. Sur ces entrefaites, Pepin mourut, et Karl revint en France, emmenant avec lui Galiana, qui fut couronnée reine et reçue avec de grandes réjouissances. C'est ainsi qu'une More eut l'industrie de devenir reine chrétienne, « et le souvenir de cette histoire, encore qu'il soit attaché à un vieil édifice, mérite d'être conservé dans Tolède, » ajoute le chroniqueur par manière de réflexion finale.

Il fallait avant tout nous débarrasser des populations microscopiques qui tigraient de leurs piqûres les plis de nos ex-pantalons blancs, heureusement le Tage n'était pas loin, et nous y conduisîmes directement les puces de la princesse Galiana, employant le même moyen que les renards qui se plongent dans l'eau jusqu'au nez, tenant du bout des dents un morceau d'écorce qu'ils abandonnent ensuite au fil de la rivière, lorsqu'ils le sentent garni d'un équipage suffisant, car les infernales petites bêtes, progressivement envahies par les ondes, s'y réfugient et s'y pelotonnent. — Nous demandons pardon à nos lectrices de ce détail fourmillant et picaresque qui serait mieux à sa place dans la vie de Lazarille de Tormes ou Gusman d'Alfarache ; mais un voyage d'Espagne ne serait pas complet sans cela, et nous espérons d'être absous en faveur de la couleur locale.

La rive du Tage est de ce côté-là cernée de rochers à pic d'un abord difficile, et ce ne fut pas sans peine que nous descendîmes à l'endroit où nous devions opérer la grande noyade. Je me mis à nager et à tirer ma coupe marinière avec le plus de précision possible, afin d'être digne d'un fleuve aussi célèbre et aussi respectable que le Tage, et au bout de quelques brassées, j'arrivai sur des constructions écroulées et des restes de maçonnerie informes qui dépassaient de quelques pieds seulement le niveau du fleuve. Sur la rive, précisément du même côté, s'élevait une vieille tour en ruine avec une arcade en plein cintre, où quelques linges suspendus par des lavandières, séchaient fort prosaïquement au soleil.

J'étais tout simplement dans le *baño de la Cava*, autrement, pour le Français, le bain de Florinde, et la tour que j'avais en face de moi était la tour du roi Rodrigue : c'est du balcon de cette fenêtre que Rodrigue, caché derrière un rideau, épiait les jeunes filles au bain, et aperçut la belle Florinde mesurant sa jambe et celles de ses compagnes, pour savoir qui l'avait la plus ronde et la mieux faite ! — Voyez à quoi tiennent les grands événemens ? Si Florinde avait eu le mollet mal tourné et le genou disgracieux, les Arabes ne seraient pas venus en Espagne. Malheureusement Florinde avait le pied mignon, les chevilles fines et la jambe la plus blanche et la mieux tournée du monde. Rodrigue devint amoureux de l'imprudente baigneuse et la séduisit. Le comte Julien, père de Florinde, furieux de l'outrage, trahit son pays pour se venger, et appela les Mores à son secours. Rodrigue perdit cette fameuse bataille, dont il est tant question dans les romanceros, et périt misérablement dans un cercueil plein de vipères, où il s'était couché pour faire pénitence de son crime. La pauvre Florinde, flétrie du nom ignominieux de la Cava, resta chargée de l'exécration de l'Espagne entière ; aussi quelle idée saugrenue et singulière d'aller placer un bain de jeunes filles devant la tour d'un jeune roi !

Puisque nous en sommes à parler de Rodrigue, disons ici la légende de la grotte d'Hercule, qui se rattache fatalement à l'histoire du malheureux prince goth. La grotte d'Hercule est un souterrain qui s'étend, dit-on, à trois lieues hors des murs, et dont la porte, fermée et cadenassée soigneusement, se trouve dans l'église de San Ginès, sur le point le plus élevé de la ville ; à cette place s'élevait autrefois un palais fondé par Tubal ; Hercule le restaura, l'agrandit, y établit son laboratoire et son école de magie, car Hercule, dont plus tard les Grecs firent un dieu, fut d'abord un puissant cabaliste. Au moyen de son art, il construisit une tour enchantée, avec des talismans et des inscriptions portant que, lorsque l'on pénétrerait dans cette enceinte magique, une nation féroce et barbare envahirait l'Espagne.

Craignant de voir se réaliser cette funeste prédiction, tous les rois, et surtout les rois goths, ajoutaient de nouvelles serrures et de nouveaux cadenas à la porte mystérieuse, non pas qu'ils eussent positivement foi à la prophétie, mais, en personnes sages, ils ne se souciaient nullement de se mêler à ces enchantemens et à ces sorcelleries. Rodrigue, plus curieux ou plus nécessiteux, car ses débauches et ses prodigalités l'avaient épuisé d'argent, voulut tenter l'aventure, espérant trouver des trésors considérables dans le souterrain enchanté : il se dirigea vers la grotte, en tête de quelques déterminés munis de torches, de lanternes et de cordes, arriva à la porte creusée dans le roc vif et fermée d'un couvercle de fer plein de cadenas, avec une tablette où on lisait en caractère grecs : « *Le roi qui ouvrira ce souterrain et pourra découvrir les merveilles qu'il renferme, verra des biens et des maux.* » Les autres rois, effrayés de l'alternative, n'avaient pas osé passer outre ; mais Rodrigue, risquant le mal pour avoir la chance du bien, ordonna de briser les cadenas, de

forcer les serrures et de lever le couvercle ;
ceux qui se vantaient d'être les plus hardis
descendirent les premiers, mais ils revinrent
bientôt, leurs torches éteintes, tremblant, pâles, effarés, et ceux qui pouvaient parler ra-
contèrent qu'ils avaient été effrayés par une
épouvantable vision. Rodrigue, ne renonçant
pas pour cela à rompre l'enchantement, fit
disposer les torches de manière à ce que le
vent qui sortait de la caverne ne pût les éteindre, se mit en tête de la troupe, et pénétra
hardiment dans la grotte : il arriva bientôt à
une chambre carrée d'une riche architecture,
au milieu de laquelle il y avait une statue de
bronze de haute stature et d'un aspect terrible.
Cette statue avait les pieds posés sur une colonne de trois coudées de haut, et tenait à la
main une masse d'armes dont elle frappait le
pavé à grands coups, ce qui produisait le bruit
et le vent qui avaient causé tant de frayeur
aux premiers entrés. Rodrigue, brave comme
un Goth, résolu comme un chrétien qui a con-
fiance en Dieu et ne s'étonne pas des enchantemens des païens, alla droit au colosse et lui

demanda la permission de visiter les merveilles qui se trouvaient là.

Le guerrier d'airain, en signe d'adhésion,
cessa de frapper la terre de sa masse d'armes :
l'on put reconnaître ce qu'il y avait dans la
chambre, et l'on ne tarda pas à rencontrer un
coffre sur le couvercle duquel était écrit : *Celui qui m'ouvrira verra des merveilles.* Voyant
l'obéissance de la statue, les compagnons du
roi, revenus de leur frayeur et encouragés par
cette inscription de bon augure, apprêtaient
déjà leurs manteaux et leurs poches pour les
remplir d'or et de diamans ; mais l'on ne trouva
dans le coffre qu'une toile roulée sur laquelle
étaient peintes des troupes d'Arabes, les uns
à pied, les autres à cheval, la tête ceinte de
turbans, avec leurs boucliers et leurs lances,
et un inscription dont le sens était : *Celui qui
arrivera jusqu'ici et ouvrira le coffre, perdra
l'Espagne et sera vaincu par des nations semblables à celles-ci.* Le roi Rodrigue tâcha de dissi-
muler l'impression fâcheuse qu'il éprouvait,
pour ne pas augmenter la tristesse des autres,
et l'on chercha encore pour voir s'il n'y aurait

pas quelque compensation à de si désastreuses prophéties. En levant les yeux, Rodrigue aperçut sur la muraille, à la gauche de la statue, un cartouche qui disait : *Pauvre roi ! tu es entré ici pour ton malheur !* et à la droite, un autre signifiant : *Tu seras dépossédé par des nations étrangères, et ton peuple souffrira de rudes châtimens.* — Derrière la statue, il y avait écrit : *J'invoque les Arabes;* et par-devant : *Je fais mon devoir.*

Le roi et ses courtisans se retirèrent pleins de troubles et de pressentimens funèbres. La nuit même, il y eut une tempête furieuse, et les ruines de la tour d'Hercule s'écroulèrent avec un fracas épouvantable ; les événemens ne tardèrent pas à justifier les prédictions de la grotte magique, les Arabes peints sur la toile roulée du coffre firent voir en réalité leurs turbans, leurs lances et leurs boucliers de formes étranges, sur la malheureuse terre d'Espagne. — Tout cela, parce que Rodrigue regarda la jambe de Florinde, et descendit dans une cave !

Mais voici la nuit qui tombe, il faut rentrer

à la fonda, souper et nous coucher, car nous
avons encore à voir l'hôpital du cardinal don
Pedro Gonzalez de Mendoza, la manufacture
d'armes, les restes de l'amphithéâtre romain,
mille autres curiosités, et nous partons demain soir. — Quant à moi, je suis tellement
fatigué par ce pavé en pointe de diamant, que
j'ai envie de retourner et de marcher un peu
sur les mains, comme les clowns, pour reposer
mes pieds endoloris. — O fiacres de la civilisation! omnibus du progrès! je vous invoquais
douloureusement; mais qu'eussiez-vous fait
dans les rues de Tolède?

L'hôpital du Cardinal est un grand bâtiment
de proportions larges et sévères, qu'il serait
trop long de décrire. Nous traverserons rapidement la cour entourée de colonnes et d'arcades, qui n'a de remarquable que deux puits
d'air avec des margelles de marbre blanc, et
nous entrerons tout de suite dans l'église pour
examiner le tombeau du cardinal, exécuté en
albâtre, par ce prodigieux Berruguete, qui
vécut plus de quatre-vingts ans couvrant sa pa-

trie de chefs-d'œuvre d'un style varié et d'une perfection toujours égale. Le cardinal est couché sur sa tombe dans ses habits pontificaux ; la mort lui a pincé le nez de ses maigres doigts, et la contraction suprême des muscles cherchant à retenir l'ame près de s'échapper, lui bride les coins de la bouche et lui effile le menton ; jamais masque moulé sur un mort n'a été plus sinistrement fidèle ; et cependant, la beauté du travail est telle, que l'on oublie ce que ce spectacle peut avoir de repoussant. De petits enfans dans des attitudes désolées, soutiennent la plinthe et le blason du cardinal ; la terre cuite la plus souple et la plus facile n'a pas plus de liberté et de mollesse ; — ce n'est pas sculpté, c'est pétri !

Il y a aussi, dans cette église, deux tableaux de Domenico Theotocopouli, dit le Greco, peintre extravagant et bizarre, qui n'est guère connu hors de l'Espagne. Sa folie était, comme vous le savez, la crainte de passer pour imitateur du Titien dont il avait été l'élève ; — cette préoccupation le jeta dans les recherches et les caprices les plus baroques.

L'un de ces tableaux, celui qui représente la *Sainte-Famille*, a dû rendre bien malheureux le pauvre Greco, car, au premier coup d'œil, on le prendrait pour un Titien véritable. L'ardente couleur du coloris, la vivacité de ton des draperies, ce beau reflet d'ambre jaune qui réchauffe jusqu'aux nuances les plus fraîches du peintre vénitien, tout concourt à tromper l'œil le plus exercé ! la touche seule est moins large et moins grasse. Le peu de raison qui restait au Greco, dut chavirer tout-à-fait dans le sombre océan de la folie, après avoir achevé ce chef-d'œuvre ; il n'y a pas beaucoup de peintres aujourd'hui en état de devenir fous par de semblables motifs.

L'autre tableau, dont le sujet est le *Baptème du Christ,* appartient tout-à-fait à la seconde manière du Greco : il y a des abus de blanc et de noir, des oppositions violentes, des teintes singulières, des attitudes strapassées, des draperies cassées et chiffonnées à plaisir ; mais dans tout cela règne une énergie dépravée, une puissance maladive qui trahissent le grand peintre et le fou de génie. Peu de tableaux m'ont autant intéressé que ceux du Greco, car les plus mauvais ont toujours quelque chose d'inattendu et de chevauchant hors du possible qui vous surprend et vous fait rêver.

De l'hôpital nous nous rendîmes à la manufacture d'armes. C'est un vaste bâtiment symétrique et de bon goût, fondé par Charles III, dont le nom se retrouve sur tous les monumens d'utilité publique ; la manufacture est bâtie tout près du Tage, dont les eaux servent à la trempe des épées et font mouvoir les roues des machines. Les ateliers occupent les côtés d'une grande cour entourée de portiques et d'arcades, comme presque toutes les cours en Espagne. Ici on chauffe le fer, là il est soumis au marteau, plus loin on le trempe, dans cette chambre sont les meules à aiguiser et à repasser ; dans cette autre se fabriquent les fourreaux et les poignées. Nous ne pousserons pas plus loin cette investigation qui n'apprendrait rien de particulier à nos lecteurs, et nous dirons seulement qu'il entre dans la composition de ces

lames justement célèbres des vieux fers de chevaux et de mules, recueillis avec soin dans ce but.

Pour nous faire voir que les lames des Tolède
méritaient encore leur réputation, l'on nous
conduisit à la salle d'épreuve : un ouvrier d'une
taille élevée et d'une force colossale, prit une
arme de l'espèce la plus ordinaire, — un sabre
droit de cavalerie. — le piqua dans un saumon
de plomb fixé à la muraille, fit ployer la lame
dans tous les sens comme une cravache, de façon à ce que la poignée rejoignait presque la
pointe; — la trempe élastique et souple de
l'acier lui permit de supporter cette épreuve
sans se rompre. Ensuite, l'homme se plaça devant une enclume, et y donna un coup si bien
appliqué, que la lame y entra d'une demi-ligne ;
ce tour de force me fit penser à cette scène
d'un roman de Walter Scott, où Richard-Cœur-
de-Lion et le roi Saladin s'exercent à couper
des barres de fer et des oreillers.

Les lames de Tolède d'aujourd'hui valent
donc celles d'autrefois; le secret de la trempe
n'est pas perdu, mais le secret de la forme : il

ne manque vraiment aux ouvrages modernes
que cette petite chose, si méprisée des gens progressifs, pour soutenir la comparaison avec les
anciens! Une épée moderne n'est qu'un outil,
une épée du xvi⁰ siècle est à la fois un outil
et un joyau.

Nous comptions trouver à Tolède quelques
vieilles armes, dagues, poignards, cocheli-
mardes, espadons, rapières et autres curiosités bonnes à mettre en trophée le long de
quelque mur ou de quelque dressoir, et nous
avions appris par cœur, à cet effet, les noms
et les marques des soixante armuriers de Tolède, recueillis par Achille Jubinal, mais l'occasion de mettre notre science à l'épreuve ne
se présenta pas, car il n'y a pas plus d'épées à
Tolède que de cuir à Cordoue, que de dentelles à Malines, que d'huîtres à Ostende, et de
pâtés de foies gras à Strasbourg; c'est à Paris
que sont toutes les raretés, et si l'on en rencontre quelques unes dans les pays étrangers,
c'est qu'elles viennent de la boutique de mademoiselle Delaunay, quai Voltaire!

L'on nous fit voir aussi les restes de l'amphithéâtre romain et de la naumachie, qui ont parfaitement l'air d'un champ labouré, comme toutes les ruines romaines en général. Je n'ai pas l'imagination qu'il faut pour m'extasier sur des néants si problématiques ; c'est un soin que je laisse aux antiquaires, et j'aime mieux vous parler des murailles de Tolède qui sont visibles à l'œil nu et d'un admirable effet pittoresque. Les constructions se marient très heureusement aux aspérités du terrain ; il est souvent difficile de dire où finit le rocher où commence le rempart ; chaque civilisation a mis la main au travail ; ce pan de mur est romain, cette tour est gothique, et ces créneaux sont arabes. Toute cette portion qui s'étend de la porte Cambron à la Puerta Visagra (*via sacra*), où aboutissait probablement la voie romaine, a été bâtie par le roi goth Wamba. Chacune de ces pierres a son histoire, et si nous voulions tout raconter, il nous faudrait un volume au lieu d'un article ; mais ce qui ne sort pas de nos attributions de voyageur, c'est de redire

encore une fois la noble figure que fait à l'horizon Tolède assise sur son trône de rochers.
avec sa ceinture de tours et son diadème d'é-
glises : on ne saurait imaginer un profil plus
ferme et plus sévère revêtu d'une couleur plus
riche, et où la physionomie du moyen-âge soit
plus fidèlement conservée. Je restai plus d'une
heure en contemplation, tâchant de rassasier
mes yeux, et de graver au fond de ma mémoire
la silhoutte de cette admirable perspective : la
nuit vint trop tôt, hélas ! et nous allâmes nous
coucher, car nous devions partir à une heure
du matin pour éviter les trop grandes chaleurs.
— A minuit, en effet, notre calessero arriva
ponctuellement, et nous grimpâmes tout endormis, et dans un état de somnambulisme
prononcé, sur les maigres coussins de la calessine. Les cahos épouvantables causés par le
pavé chausse-trappe de Tolède nous eurent
bientôt assez réveillés pour jouir de l'aspect
fantastique de notre caravane nocturne. La
calessine aux grandes roues écarlates, au coffre extravagant, semblait, tant les murailles

étaient rapprochées, fendre pour passer des flots de maisons qui se refermaient derrière elle ! Un *sereno* aux jambes nues, avec le caleçon flottant et le mouchoir bariolé des Valençais, marchait devant nous, portant au bout de sa lance une lanterne dont les vacillantes lueurs produisaient toutes sortes de jeux d'ombre et de lumière, que Rembrandt n'eût pas dédaigné de placer dans quelques unes de ses belles eaux fortes de rondes et de patrouilles de nuit ; le seul bruit qu'on entendît, c'était le frémissement argentin des grelots au cou de notre mule et le grincement de nos essieux. Les citadins dormaient aussi profondément que les statues de la chapelle des *los Reyes nuevos*. De temps en temps, notre *sereno* avançait sa lanterne sous le nez de quelque drôle endormi en travers de la rue et le faisait ranger avec le bois de sa lance ; car, en quelque endroit que le sommeil prenne un Espagnol, il étend son manteau à terre et se couche avec une philosophie et un flegme parfaits. Devant la porte, qui n'était pas encore ouverte, et où l'on nous fit attendre deux heures, le sol était jonché de dormeurs qui ronflaient sur tous les tons possibles, car la rue est la seule chambre à coucher où l'on ne soit pas livré aux bêtes, et il faut pour entrer dans une alcôve la résignation d'un fakir indien. Enfin la damnée porte tourna sur ses gonds, et nous reprimes le chemin par où nous étions venus.

FIN DU TOME PREMIER

IMPRIMERIE MAULDE ET RENOU,
Rue Bailleul, 9 et 11.